昭和天皇

ご生誕100年記念

出雲井 晶［著］

産經新聞社

昭和天皇

はじめに

昭和天皇が崩御《ほうぎょ》されて以来私は、「日本神話」伝承《でんしょう》のいっぽうで昭和天皇について書かれたものを読みあさり、また、このたびご生誕《せいたん》百年にあたり、二度目の『昭和天皇』も上梓《じょうし》させていただきました。

その間、何度も私は感極《かんきわ》まって涙を流しました。その、あまりにも私ごころのない、どこまでも国家、国民のことを憂《うれ》えられて、また人類すべての幸せを世界平和を希《ねが》われて、とつとつともらされるお言葉に涙があふれてしまうのでした。

あの、今ではみなが知るところとなったマッカーサーを初めておたずねになられた日、陛下の仰《おお》せを謹《つつし》んで承《うけたま》わらずお心を悩ませた人物らの罪までもすべてをお一人で背負うことを申し出て下さいました。その上に、マッカーサーとの約束を守られ十年後にマッカーサーの口から明かされるまで、この事は他言《たごん》されませんでした。

言論の自由をよいことに天皇の戦争責任をかしましく言いたてる中で、一言の弁明《べんめい》もなさらずに、じっと耐えておられました。

マッカーサーはその回想録《かいそうろく》に、

〈その崇高《すうこう》なお姿に、「われ神を視《み》たり」と心の中で叫んだ〉

と記《しる》しています。私も涙と共に湧《わ》きあがってくるのは、「まさに神！ お姿は人間でありながらお心は神の領域《りょういき》におすみのお方！」との畏敬《いけい》と驚嘆《きょうたん》でありました。

昭和天皇ご自身は、お言葉やご行為にそのようなことは念頭《ねんとう》になかったでしょう。しかしご聖徳《せいとく》を辿《たど》らせていただくと、それはみな無私《むし》であるがゆえにひらめく叡智《えいち》と、すべてをゆるす慈悲仁愛《じひじんあい》、誠なる勇気という、「三種神器《さんしゅのじんぎ》」にこめられた光芒《こうぼう》に包まれてしまうことを知りました。

それは天照大神《あまてらすおおみかみ》から神武《じんむ》天皇、そして昭和天皇へとつづく悠久《ゆうきゅう》の皇統《こうとう》の光芒です。私たち日本人みんなのご先祖が澄《す》んだ感性により創造した天地の法則にのっとった大和の理念、この国家像を、事あるごとに体現されたのが昭和天皇であらせられたことを私はたしかに知りました。

終戦のとき昭和天皇のご聖断《せいだん》がなかったならば、また、草鞋《わらじ》ばきの行脚《あんぎゃ》のようなご巡幸《じゅんこう》による、国民への励《はげ》ましがなかったならば、戦後のわが国の驚異《きょういてき》的な復興《ふっこう》はありえず、今の平和と豊かさを享受《きょうじゅ》することはあり得なかったと断言《だんげん》できます。

ところが崩御される半年前、全国戦没者追悼式《せんぼつしゃついとうしき》の日によまれた御製《ぎょせい》、

やすらけき　世を祈りしも　いまだならず　くやしくもあるか　きざしみゆれど

を拝誦《はいしょう》しますとき、申しわけなさに身のちぢむ思いがするのは私だけではないでしょう。ご生誕百年の今年を期して、国民みなが思《おぼ》し召《め》しを自分の問題としてとらえ、無私の大《おお》御心《みこころ》をみならおうと努めるとき、現今の様々な危機的状態はしだいに消えましょう。わが国のほんとうの姿である「明き清き直き誠の心」がみなにあらわれ、わが国は新しくよみがえりましょう。天上にいます昭和天皇にご安堵《あんど》いただける日のくることを祈らずにはおられません。

平成十三年四月六日　　出雲井　晶

【写真】
宮内庁
産経新聞社／日本雑誌協会共同取材社／共同通信社／扶桑社

【装幀】
清水良洋／佐の佳子

第一章

一　お誕生《たんじょう》

空《そら》のまん中にのぼった月が、東宮御所《とうぐうごしょ》（皇太子《こうたいし》のおすまい）を照らしていました。お庭のクヌギやケヤキなどがいっせいに芽《め》を出しはじめ、花《か》だんのシバザクラが月の光にうきだしてみえました。御殿《ごてん》の中から、「おぎゃあ、おぎゃあ」と元気なうぶ声があがりました。

前年《ぜんねん》五月十日、皇太子嘉仁親王《こうたいしよしひとしんのう》（大正天皇《たいしょうてんのう》）と結婚《けっこん》された節子妃殿下《さだこひでんか》（貞明皇后《ていめいこうごう》）が親《しん》王《のう》さまをご誕生《たんじょう》になられたのです。

明治《めいじ》三十四年四月二十九日夜十時十分のことです。天皇さま（明治《めいじ》）に初孫《はつまご》がお生まれになったのです。天皇の御血《おんち》すじはゆるぎのないものになったと、国をあげて喜《よろこ》びました。

その三十四年前、二百六十五年ものあいだ力で国を治《おさ》めていた徳川幕府《とくがわばくふ》の時代《じだい》が終わりました。日本の国には、力ではなく慈《いつく》しむ愛の心で世を治める天皇さまがおられたのだと、人びとは気がついたのです。人びとの、地の底から噴《ふ》きだすような盛《も》りあがりによって、明治維新《いしん》、王政復古《おうせいふっこ》はなりました。

五箇条御誓文《ごかじょうのごせいもん》を出され、欧米《おうべい》の文化を取り入れて、明治二年には東京、横浜のあいだにひかれた電信線はしだいに伸び、四年には郵便の制度も東京と京都・大阪間に始まりました。

五年には学校の制度がしかれ、すべてが改《あらた》まり新《あたら》しく始まり、日本の国はあけぼのを迎《むか》えていました。

文明開化《ぶんめいかいか》の波は、銀座《ぎんざ》や丸《まる》の内《うち》を煉瓦《れんが》の街《まち》とし、銀行、停車場《ていしゃば》と洋風建築《ようふうけんちく》が建ち並びました。明治二十二年には大日本帝国憲法《けんぽう》も発布《はっぷ》され、憲法によって政治をすることにもなりました。

しかし海のかなたには、暗《くら》いもやもやとした不安をつねに感じていました。となりの朝《ちょう》鮮《せん》国を、わが国は独立《どくりつ》国と認《みと》め仲よくしようとしました。しかし清国《しん》（中国）は朝鮮国のことをすべて、さしずし、とりしきろうとしました。日本が朝鮮を独立国あつかいをすることを清国は快《こころよ》く思いませんでした。

また朝鮮の南部で東学《とうがく》の乱《らん》が激《はげ》しくなったので政府は朝鮮にいる日本人を守るために兵を出そうとしました。明治天皇は平和に事をおさめようと、朝鮮にいる公使《こうし》らに手紙を送ったり、たいへん努力《どりょく》されました。しかし清軍艦《しんぐんかん》がわが艦隊《かんたい》に発砲《はっぽう》してきたことなどで、ついに天皇は日本の国を守るために宣戦《せんせん》を布告《ふこく》されたのです。

明治二十七・八年の大国《たいこく》、清との戦争に勝利《しょうり》をおさめて以来、日本の舞台《ぶたい》は大きく世界へと広がろうとしていました。が、わが国がアジアの一角《いっかく》に小さな頭を出したとたんに、ロシアはフランス、ドイツをさそって、わが国に口出《くちだ》しをしてきました。清国に遼島半島《りょうとうはんとう》を返せというのです。いやだといえば三国と戦《たたか》わねばならないでしょう。

明治天皇は、これ以上、国民に苦しい思いをさせられないと、御前会議《ごぜんかいぎ》で清国に遼島半島を返すことを決められました。ロシア、フランス、ドイツ、イギリスは、わが国には言いがかりをつけておきながら、獲物《えもの》にむらがる禿鷹《はげたか》のように、清国を食《く》いあらしだしました。清国では義和団《ぎわだん》ができ、各地で外国人は出ていけとさわぎ、各国公使館《こうしかん》もとりかこまれたりする事件がおきました。

わが国の中では株価《かぶか》がとても安くなり、銀行には人びとが押しよせ預金《よきん》を引きだすさわぎがあったり、会社が次つぎにつぶれていました。

このような暗い出来ごとが続いていたときだけに、親王ご誕生のニュースは国中に、まばゆい明るさをふりまく出来ごとでありました。

御父《おんちち》、嘉仁《よしひと》皇太子殿下、二十四歳、御母《おんはは》、節子《さだこ》妃《ひ》、十八歳、御祖父《おんそふ》、明治天皇、五十歳のときでありました。親王のご体重は約三千グラムでした。

ちょうど男の子の端午《たんご》の節句《せっく》（五月五日）が名づけ祝いをするお七夜《しちや》にあたりました。

宮内省《くないしょう》から、「四月二十九日降誕《こうたん》あらせられた親王、御名《おんな》を裕仁《ひろひと》と命名《めいめい》せられ、迪宮《みちのみや》と称《しょう》し奉《たてまつ》る」と発表されました。

おじいさまの明治天皇が、

「ゆたかに広く、おおらかな心で国を治め、人類の幸《しあわ》せのために尽《つ》くすように」

との願いをこめられたお名だと伝《つた》わりますと、人びとは濃《こ》い青空高く泳ぐ鯉《こい》のぼりを、満《み》たされたはれやかな思いでふりあおいだのでした。

お父さまの嘉仁親王《よしひとしんのう》は、この世にありながら、邪《よこしま》な心をつゆほどもお持ちでない、お心の澄《す》んだお方でした。国民の暮《く》らしをこまかにご覧《らん》になって、農事《のうじ》に適《てき》した天気であるように、豊かなみのりがあるようになどと、祈りをこめた漢詩《かんし》を数《かず》多く、お詠《よ》みになりました。

お母さまの節子《さだこ》妃《ひ》は、昔《むかし》、摂政《せっしょう》、関白《かんぱく》に任《にん》ぜられる家がらの五摂家《ごせっけ》の一家である九条《くじょう》道孝公爵《みちたかこうしゃく》の娘《むすめ》でありました。節子妃は、古くからのならわしを改《あらた》めて一夫一婦制《いっぷいっぷせい》をうち立てられ、四人の親王をもうけられました。健康がおすぐれにならなかった大正天皇をまごころこめて看病《かんびょう》されました。病気がよくないときには、長いあいだ寝台《しんだい》で休むこともなさらず、おそばに付《つ》ききりで看《み》とられました。

皇太后《こうたいごう》になられてからも、難病《なんびょう》であると思われていた癩患者《らいかんじゃ》を救《すく》うためにお尽《つ》くしくださいました。貞明皇后のお力ぞえで、国の癩患者療養所《りょうようじょ》ができ、施設《しせつ》もととのえられていきました。そのことは、癩を病《や》んでいた歌人《かじん》、明石海人《あかしかいじん》の和歌、

そのかみの　悲田施薬《ひでんせやく》の　おん后《きさき》　いま在《い》ますかと　仰《あお》ぐかしこさ

みめぐみは　言はまくかしこ　日《ひ》の本《もと》の　癩《らい》者に生《あ》れて　われ悔《く》ゆるなし

でもわかりましょう。

昭和天皇は、このようにお心の気《け》だかいご両親の親王としてお生まれになり、成長《せいちょう》され

ていきました。

二　お小さいころ

迪宮《みちのみや》（昭和天皇のお小さいときのよび名）は、お生まれから七十日目の七月七日、七夕《たなばた》の日、東京・麻布《あざぶ》にある川村純義伯爵邸《すみよしはくしゃくてい》へおあずけになられました。これは皇室の古くからのならわしにより、元気でお育《そだ》ちになるように願われてのことでした。

川村伯爵が亡《な》くなったことで三年四か月後、赤坂仮御殿《あかさかかりごてん》にお移《うつ》りになりました。

当時《とうじ》、皇太子《こうたいし》であらせられた大正天皇は、お庭づたいに親王御殿にお出かけになられることがありました。迪宮、淳宮《あつのみや》（のちの秩父宮《ちちぶのみや》）は大よろこびで父殿下と鬼《おに》ごっこに興《きょう》じられたりなさり、愛深いお父さまでした。

おじいさまの明治天皇も迪宮をたいそう、かわいがられました。おおかたの人は明治天皇のお部屋にはいりますと、かたくなってしまいますが、迪宮が三つのころのことですが、少しもそんなごようすはなく、「おじじさま、これを拝見《はいけん》」とおっしゃって、置物《おきもの》などを見せていただかれたと申します。

明治天皇は、迪宮は大きくなられますと、馬にもお乗りにならなければならないからと、そのころに大きな木馬《もくば》をお与《あた》えになりました。迪宮は淳宮と、よくその木馬に乗ってお遊びになりました。

お二人《ふたり》はお休みになるのもひとつのお部屋でした。ひとつちがいの兄弟《きょうだい》は、けんかになるものですが、お二人は一度もけんかをされたこともなく、仲よくお遊びでした。

これも三つのころのことです。箱根《はこね》にお出かけになりました。時の神奈川《かながわ》県知事が、大きな籠《かご》にお魚をいっぱい入れて、さしあげました。次の年にまた、お目にかかりたいと申し、取りつぎますと、「ああ、あのトトのじいか」と、おおせられたので、おそばの者は、その物覚《ものおぼ》えがよいのに驚《おどろ》きました。

五つ六つのころには、青山《あおやま》の屋根馬場《やねばば》で、朝鮮馬《ちょうせんうま》の小さいのにお乗りなって遊ばれました。また、ちょうど日露《にちろ》戦争のころで、ご門のところに通りのようすを見にいかれます。と、通りをチリンチリンと腰《こし》につけた鈴《すず》を鳴らしながら「号外《ごうがい》、号外」と号外売りが走りました。迪宮方は、鈴と紙きれを持たれ、御殿の中を走りまわり、会う人ごとに「号外、号外」と手わたすような遊びもされました。

日露《にちろ》戦争が終わったある日、青山の御殿から明治天皇にお目にかかりに行かれたときのことです。日露戦争で手がらのあった国の重臣《じゅうしん》たち七人（伊藤博文《いとうひろぶみ》、山県有朋《やまがたありとも》、松下正義《まつしたまさよし》、井上馨《いのうえかおる》など）が勲章《くんしょう》をつけて、迪宮がおられた部屋に入ってきました。

淳宮はびっくりしてむこうへ行ってしまいましたが、迪宮は立ちどまって、じっとご覧《らん》になっておられました。伊藤公が近寄《ちかよ》り、申しました。

「皇孫殿下《こうそんでんか》でいらっしゃいますか」

迪宮は、「そうです」と、うなずかれて、「誰《だれ》なのだ」とお聞きになります。

「私は伊藤でございます。きょうは、おじいさまから結構《けっこう》ないただきものをしましたので、お礼にまいりました」

「そうか」と、うなずかれた迪宮は、

「そこにいるのは誰か」

と聞かれます。伊藤公が、山県元帥《げんすい》から七人の重臣の名を申しますと、いちいち、うなずかれて七人のごあいさつをお受けになられました。迪宮はまた聞かれました。

「きょうは、どの勲章をいただいたのか」

「これを、いただきました」

たくさんつけているひとつをさして伊藤公が申しますと、迪宮は、

「では、ほかのは何の勲章か」

「これは外国の勲章で」

と伊藤公も、いちいち説明申《せつめいもう》しあげました。ふつうの子どもですと、七人ものいかめしいみなりのおとななどに囲《かこ》まれますと、おどおどとしてしまいます。その、物怖《ものお》じなさらぬ堂々《どうどう》としたお姿《すがた》に、みな、将来《しょうらい》、天皇の御位《みくらい》におつきになられるお方はさすが違《ちが》うと、感じいりました。


迪宮が赤坂仮《かり》御殿にお移りになったころから、ずっとお世話をしてきた足立《あだち》たかは、このごようすを目《ま》のあたりに拝見、感動《かんどう》で涙《なみだ》がこぼれそうでありましたと、語っています。

たかさんは十一年間、東宮御所侍女《とうぐうごしょじじょ》として昭和天皇のお小さいころから少年のころに引きつづいて、お世話しました。

三　御少年《おんしょうねん》のころ

裕仁親王《ひろひとしんのう》（迪宮《みちのみや》）は学習院《がくしゅういん》の初等科《しょとうか》に入学されました。乃木希典大将《のぎまれすけたいしょう》は私心《ししん》がなく、まじめで一生懸命《いっしょうけんめい》な人間《にんげん》で、親王の教育をまかせられる人物《じんぶつ》だということで、学習院院長に命じられました。

あるとき、親王は通学服《ふく》のまま、すもうをとられ、ズボンを破ってしまいました。

「院長閣下《かっか》が、穴《あな》のあいたままの服は着《き》てはいけないが、破れたら、つぎを当《あ》てて着るのはよいことだ、つぎの当たったのを着るのは少しも恥《は》ずかしいことではないとおっしゃった。だから、つぎを当ててください」

と、たかさんに言われました。つぎを当ててさしあげますと、

「これでいいんだ、院長閣下がおっしゃったんだから、これでいいんだ」

と、つぎの当たったズボンやくつ下をほこらしげにはかれておりました。

あるとき、乃木院長は殿下《でんか》にたずねました。

「雨のときはどのようにして学校にこられますか」

「はい、馬車《ばしゃ》で来ます」

「雨のときでもコートを着て歩いていらっしゃいますように」

乃木院長はお教えしました。それからは、雨がふっても決《けっ》して馬車には乗られませんでした。

雪のふった寒い朝でした。殿下は、大火《おおひ》ばちに手をかざしておられました。乃木院長が、

「殿下、寒いときは部屋の中で火にあたるよりも、外に出て運動場を二、三回、駆け回れば体《からだ》がポカポカしてきます。子どもは風の子」

言われますと、すぐさま、駆《か》けだしていかれました。

ごいっしょに山登りに行かれたときには、

「殿下、山へ登られるときは駆けてお登りになりますか、下《お》りるときはどうなさいますか」

と聞かれます。

「登るときには駆け登れませんが、下りるときは走って下ります」

「殿下、お登りになるときは駆け登ってもよろしいが、下りるときには一歩《いっぽ》一歩ゆっくりとお下りになりますように」

おりがあるごとに、乃木院長は小さなことでもお教えしました。裕仁親王はそれをすなおに聞かれて、守られました。

友だちがうそをついても、親王はうそとはお思いにならない。うそや、ごまかしということはまったくなさらない。だから友だちのことも純真《じゅんしん》に信じていらっしゃる。足立《あだち》たかさんは、この世にこんな美《うつく》しい心根《こころね》の方がいらっしゃるとは！　と、胸うたれることが多かったと申します。

明治天皇が崩御《ほうぎょ》（おなくなりになること）されて、乃木院長はおあとを追い殉死《じゅんし》されます。その二日前に乃木院長は、それとなく裕仁親王のところへおいとまごいに来られます。このとき、江戸《えど》時代の儒《じゅ》学者、山鹿素行《やまがそこう》の『中朝事実《ちゅうちょうじじつ》』という書物を殿下にさしあげ、

「この書物には私《わたくし》ごころなく国民の幸せを願われる皇室のほんとうのお姿が書かれております。いまはまだ、むずかしいですから、おそばの方に読んでいただき、わからないところはお聞きください。大きくなられましたら、ご自分でくり返しお読みください」

と、申しました。考え深くてするどい親王は、いつもとようすの違う乃木院長に、

「院長閣下はどこかへ行かれるのですか」

と聞かれました。

おそばの者が「乃木大将」と申しますと、

「院長閣下と申しあげなきゃいけないんだよ」

と、おっしゃるほど心から敬《うやま》いしたっておられました。その乃木院長が、これ以上、自分を無《む》にすることはないと、明治天皇に死出《しで》の旅《たび》のお供《とも》をしたのです。

まだ十一歳の少年であった裕仁親王は、おじいさまに続いて、院長閣下まで、この世からなくしてしまわれたのです。「院長閣下もなくなられたのか」と、ひとことおっしゃったあとは、たとえようもない悲《かな》しみに、歯《は》をくいしばり耐《た》えておられました。

子ども心にも、おじいさまの明治天皇がいかに、すぐれてえらいお方であったかが、おわかりになられたことでもありましょう。それとともに、人間にとっていちばん大切《たいせつ》なことはどういうことかを、お心の底深く刻《きざ》みこまれたことでありましょう。

このようなとき、雛鳥《ひなどり》をだく母鳥《ははどり》のように裕仁親王をいつくしみ、悲しみの心をより高いお心へとみちびかれたのは御母皇后《おんははこうごう》であられました。天皇になられてのちも、このときのことは御胸《おんむね》深くしまわれて、お忘《わす》れになることのない出来ごとでありました。

四　天皇さまになられるためのお勉強

お父さまの大正天皇が天皇の御位《みくらい》につかれると、裕仁親王《ひろひとしんのう》は皇太子《こうたいし》になられました。裕仁親王は学習院初等科《がくしゅういんしょとうか》を卒業されると、中等科に進まれずに、高輪《たかなわ》の東宮御所《とうぐうごしょ》の中に用意された東宮御学問所《ごがくもんじょ》で学ばれることになりました。

天皇として国民の上に立たれるために大切なことを、ここで、みっちりと勉強されたのです。裕仁皇太子殿下と東宮御学問所でいっしょに学んだ学友《がくゆう》は六人でした。海軍《かいぐん》にこの人ありといわれた東郷平八郎元帥《とうごうへいはちろうげんすい》が、御学問所総裁《そうさい》になりました。

授業科目《かもく》は、倫理《りんり》（人として守るべき道）、国文《こくぶん》、歴史、地理、数学、理化学、博物《はくぶつ》学（動物、植物、鉱物《こうぶつ》、地質《ちしつ》学など）、漢文《かんぶん》、フランス語、習字、美術史《びじゅつし》、法制経済《ほうせいけいざい》、地文《ちもん》学（地球に関係のある天文《てんもん》、気象《きしょう》、海洋《かいよう》、火山、地震、地質《ちしつ》などの学問）、体操、武課《ぶか》、馬術《ばじゅつ》、軍事講話《こうわ》と、たいへん広く学ばれました。先生は、東大総長《とうだいそうちょう》から元の文部《もんぶ》大臣など、その道のいちばん、すぐれた人びとが選《えら》ばれていました。

なかでも、倫理の先生になった杉浦重剛《すぎうらじゅうごう》は、自分の務《つと》めの重く大切であることを思いま

大正２年、高松宮付彌富傅育官と相撲をおとりになる裕仁親王。このころから相撲がお好きだった。

した。皇太子殿下は、気高《けだか》くけがれのないお人がらを、お生まれながらに持っていらっしゃる。それを、どうすれば、より高く、より深くできるかを、杉浦先生は考えぬきました。たくさんの人びとの考えも聞いてまわり、授業の中身《なかみ》を考えました。

考えたすえに、わかったことがありました。国民の上に天皇として立たれる学問の、ゆきつくところを見つけたのです。それは、大空にかがやく太陽《たいよう》が、すべての人、すべての物に分けへだてなく光をゆきわたらせる。その、お日さまのようなあたたかい心を、どんな人びとにも常《つね》に注《そそ》ぐことができるようになることでした。

そのために、これからの授業の柱《はしら》を三つ立てました。

一、三種神器《さんしゅのじんぎ》
二、五箇条御誓文《ごかじょうのごせいもん》
三、教育勅語《きょういくちょくご》

この三つの中にこめられた教えを、よくお教えすることでありました。

この三つのことがわからないと、これからの話がわかりませんから、この三つのことを少しわかりやすくお話しします。

一　三種神器《さんしゅのじんぎ》とは、昔《むかし》むかしの大昔、天皇のご先祖である、邇邇芸命《ににぎのみこと》が、天の高天原《たかあまはら》から日本の国の日向《ひゅうが》の高千穂《たかちほ》に天《あま》くだってこられることになり、そのときに、邇邇芸命のおばあさまにあたる天照大神《あまてらすおおみかみ》が、邇邇芸命にさずけられたものです。

それは、八咫鏡《やたのかがみ》、八尺瓊勾玉《やさかにのまがたま》、草薙劔《くさなぎのつるぎ》の三つです。

八咫鏡《やたのかがみ》は、私《わたくし》ごころ（自分だけよければよいという心）が、ちりほどもない天照大神の澄《す》みきった知恵の魂《たましい》がこめられています。

八尺瓊勾玉《やさかにのまがたま》は、天照大神の無私《むし》（私ごころのない）の心でそそぐ、あたたかい、愛《あい》の魂がこめられ、草薙劔《くさなぎのつるぎ》は、人の道にかなった天照大神の正《ただ》しく、強《つよ》い魂がこめられているのです。

日本の国では、邇邇芸命のひ孫にあたられる神武《じんむ》天皇がいちばん初《はじ》めの天皇になられました。

このときからいまの天皇陛下まで百二十五代の天皇さま方は、かならず、三種神器を天皇の位《くらい》のみしるしとして受けつがれています。

それは、三種神器にこめられた、私ごころのない英知《えいち》（深く、すぐれた知恵）と、あたたかい慈《いつく》みと、正しい勇気《ゆうき》の心で、国を治《おさ》めるように、との祈《いの》りからです。

この三種神器のことは、いまから千二百八十九年前に書かれた、日本でいちばん古《ふる》い書物である『古事記《こじき》』、その八年後に書かれた『日本書紀《にほんしょき》』の神代《かみよ》の巻《まき》（日本の神話《しんわ》）にきちんと書き伝えられています。

二　五箇条御誓文《ごかじょうのごせいもん》とは、百二十二代の明治天皇が、明治元年（慶応四年）三月十四日、天の神、地の神をまつられて御誓文（守ることを誓《ちか》う文書）を出されたのです。

一、広ク会議《かいぎ》ヲ興《おこ》シ万機公論《ばんきこうろん》ニ決《けっ》スベシ（国のさまざまな政治は、人びとが集まり、よりよく事がはこぶように正しい話しあいで決めよう。いま、わが国でおこなわれている民主主義がよいことを、いまから百三十三年前のこのときに明治天皇は、ちゃんとおおせられています）

一、上下《しょうか》心ヲ一《いつ》ニシテ盛《さかん》ニ経綸《けいりん》ヲ行《おこの》フベシ（国を治めるものと国民が心をひとつにして、国中が平和に栄えて、仲《なか》よく幸せに暮《く》らせる方法を、みんなでよく考えよう）

一、官武一途庶民《かんぶいっとしょみん》ニ至《いた》ル迄《まで》各其志《おのおのそのこころざし》ヲ遂《と》ゲ人心《じんしん》ヲシテ倦マザラシメン事ヲ要《よう》ス（すべての

国民が、自分の希望《きぼう》に向かって励《はげ》むことができるような、よい世の中をつくるように努力しよう）

一、旧来《きゅうらい》ノ陋習《ろうしゅう》ヲ破《やぶ》リ天地《てんち》ノ公道《こうどう》ニ基《もとづ》クベシ（古い、よくない習慣《しゅうかん》は改《あらた》めて、世界で認められる正しい人間としての道を進んでいこう）

一、智識《ちしき》ヲ世界ニ求《もと》メ大《おお》イニ皇基《こうき》ヲ振起《しんき》スベシ（せまい国の中だけではなしに、知恵を働かせ、世界のことも知りよく考え、国が栄えるようにしよう）

三　教育勅語《きょういくちょくご》についてです。明治天皇があちこちの小学校をご覧《らん》になり、また東京大学のようすもご覧になりました。そして、さまざまな教科があって、学問や芸術は日に日に進んでいることはよろこばしい。しかし、大学などには、人間として、また人の上に立つ人物として、いちばん大切な徳《とく》（良《よ》いことや正しいことは、どこまでもやりとおすようなこと）を教える教科がない。それで明治天皇は、子どもたちもおとなも、みんなが守って、すぐれた人間になるようにと教育勅語を出されたのです。

少しむずかしいかと思いますが、声を出して読んでみますと、教えてくださることがわかりますから、そのまま、のせてみます。

教育勅語

朕《ちん》惟《おも》フ《う》ニ、我《わ》カ《が》皇祖《こうそ》皇宗《こうそう》、国ヲ肇《はじ》ムルコト宏遠《こうえん》ニ、徳《とく》ヲ樹《た》ツルコト深厚《しんこう》ナリ。我《わ》カ《が》臣民《しんみん》、克《よ》ク忠《ちゅう》ニ、克《よ》ク孝《こう》ニ、億兆《おくちょう》心《こころ》ヲ一《いつ》ニシテ、世々《よよ》厥《そ》ノ美《び》ヲ済《な》セルハ、此《こ》レ我《わ》カ《が》国体ノ精華《せいか》ニシテ、教育《きょういく》ノ淵源《えんげん》亦《また》実《じつ》ニ此《ここ》ニ存《そん》ス。爾臣民《なんじしんみん》、父母《ふぼ》ニ孝《こう》ニ、兄弟《けいてい》ニ友《ゆう》ニ、夫婦《ふうふ》相和《あいわ》シ、朋友《ほうゆう》相信《あいしん》シ《じ》、恭倹《きょうけん》己《おの》レヲ持《じ》シ、博愛衆《はくあいしゅう》ニ及《およ》ホ《ぼ》シ、学《がく》ヲ修《おさ》メ、業《ぎょう》ヲ習《なら》ヒ《い》、以《もっ》テ智能《ちのう》ヲ啓発《けいはつ》シ、徳器《とっき》ヲ成就《じょうじゅ》シ、進《すすん》テ《で》公益《こうえき》ヲ広《ひろ》メ、世《せい》務《む》ヲ開《ひら》キ、常《つね》ニ国憲《こっけん》ヲ重《おもん》シ《じ》、国法《こくほう》ニ遵《したが》ヒ《い》、一旦緩急《いったんかんきゅう》アレハ《ば》、義勇《ぎゆう》公《こう》ニ奉《ほう》シ《じ》、以《もっ》テ天壌無窮《てんじょうむきゅう》ノ皇運《こううん》ヲ扶翼《ふよく》スヘ《べ》シ。是《かく》ノ如《ごと》キハ、独《ひと》リ朕《ちん》カ《が》忠良《ちゅうりょう》ノ臣民《しんみん》タルノミナラス《ず》、又以《またもっ》テ爾祖先《なんじそせん》ノ遺風《いふう》ヲ顕彰《けんしょう》スルニ足《た》ラン。

斯《こ》ノ道《みち》ハ、実《じつ》ニ我《わ》カ《が》皇祖皇宗《こうそこうそう》ノ遺訓《いくん》ニシテ、子孫臣民《しそんしんみん》ノ倶《とも》ニ遵守《じゅんしゅ》スヘ《べ》キ所《ところ》、之《これ》ヲ古今《ここん》ニ通《つう》シ《じ》テ謬《あやま》ラス《ず》、之《これ》ヲ中外《ちゅうがい》ニ施《ほどこ》シテ悖《もと》ラズ、朕爾臣民《ちんなんじしんみん》ト倶《とも》ニ、拳拳服膺《けんけんふくよう》シテ、咸其徳《みなそのとく》ヲ一《いつ》ニセンコトヲ庶幾《こいねが》フ《う》。

この教育勅語のお言葉をわかりやすく、かんたんに言ってみますと、

一、子どもたちよ、お父《とう》さん、お母《かあ》さんのいわれることはよく聞き、父母《ちちはは》は大切にする

のですよ。

二、兄《あに》や姉《あね》、弟《おとうと》や妹《いもうと》、みんな仲よくするのですよ。

三、夫婦《ふうふ》もいつも仲よくいたわりあいましょうね。

四、友だちは、その良いところを認めあい、信じあって、決していじめたりはしないようにしましょうね。

五、自分は、これでよいと、てんぐになってはだめですよ。より高く、どこまでも高くと、自分をみがくように心がけねばね。

六、気《き》の毒《どく》な人、困《こま》っている人には自分のできることを、いっしょうけんめいにさせていただきましょうね。

七、勉強も大切ですよ。おとなになってからする仕事《しごと》も、よく習いましょうね。

八、賢《かしこ》さと、やさしさと、強さを、はぐくみ育てましょうね。そして、みんなが、心の美しく健《すこ》やかな人間になるように。

九、国が決めた法律《ほうりつ》や、世の中の決《き》まりを守って、世のため人のためになる仕事に励《はげ》みましょうね。

十、正しい勇気《ゆうき》で、自分の国のためになることを考え、おこないましょうね。
読みますと、どこの国でも、昔《むかし》もいまも、これから先も、すなおにこのとおりにしていけば、人として幸《しあわ》せに生きていけることを、教えてくださっていることがわかるでしょう。それで、第二次世界大戦が終わったあとでドイツのアデナウアー首相はドイツの国が正しく栄えるようにと、ドイツ国民に日本のこの教育勅語を教えました。それほど、すばらしい教えなのです。

さて、杉浦先生は裕仁皇太子殿下に、この三つを柱にして、毎週《まいしゅう》一時間、心をこめてお教えしました。あるときは、これまでの天皇さま方がなされたこと、あるときはワシントン（アメリカの初代大統領）のこと、あるときはイソップ（大昔のギリシャのたとえ話を集めた本）の話を持ち出したりというふうに、広く深く、天皇になられるお方は、いつも、どんな心を持つようにするのがよいかをお教えしたのです。

裕仁皇太子は、水苔《ごけ》が水を吸いあげるように杉浦先生の教えをお体《からだ》ぜんたいで吸いあげていかれるようでした。ほかの勉強も、もの覚《おぼ》えがよろしいうえにまじめになさいました。ですから、ものごとのほんとうの姿を見抜き、見とおす力も、ぐんぐんとつけていかれたのです。

あるとき、杉浦先生が裕仁皇太子殿下にたずねられました。

「君徳《くんとく》（天皇の徳）とは？」

すぐさま皇太子さまは、

「日月私照《にちげつししょう》なし」（お日さまもお月さまも決して、自分さえよければとか、えこひいきとかはしない。どんな人にも同じように、あたたかな光、あかるい光を与《あた》えてくれる。天皇も、いつも、そのようでなければならない）

と、お答《こた》えになりました。

歴史は白鳥庫吉博士《しらとりくらきちはかせ》がお教えしました。皇太子殿下は歴史も、広く国内、世界のことを、なぜ、そうなったかを深く考える勉強をされました。それが天皇になられたのちに、ものごとをつねに正しい方向にお決めになることにもつながっていったのです。

たとえば、あるとき、白鳥先生は六人の生徒にたずねました。

「仁徳天皇《にんとくてんのう》は、高殿《たかどの》に登り、かまど（昔《むかし》、ご飯《はん》などを木を下から燃やして炊《た》いた装置《そうち》）から出るけむりが少《すく》ないのをご覧《らん》になって、税《ぜい》（住んでいるところを治《おさ》めてもらうために、さしだす米《こめ》やお金など）を三年間《かん》、はらわなくてもよいと言われた。このように人びとが食べるお米もなくなったのは、なぜか」

「雨が多かったり、ふらなかったりでお米ができなかったのです」

「わかりません」

ほかの生徒は答えました。ところが裕仁皇太子は、

「神功皇后《じんぐうこうごう》の三韓征伐《さんかんせいばつ》のために、当時の国の力がおとろえたからです」

確《たし》かな判断《はんだん》をして答えられました。三韓征伐とは、ご先祖の神功皇后の勇《いさ》ましい出来ごとだといわれていました。しかし裕仁皇太子は、その勇ましい出来ごとのかげで国民が苦しい暮らしをしていたことを思いやり、見抜いていたのです。

その授業を教室のうしろで見ていた東郷元帥は、お年に似《に》あわない皇太子殿下の考えの深さに驚きました。すなおで優《やさ》しく、几帳面《きちょうめん》でいらっしゃる。もの覚えがよろしいうえに正しい判断力もそなわり、聡明《そうめい》で、すべてに磨《みが》きがかかってこられたと、御学問所総裁として、うれしく思ったのでした。

第二章

一　立太子礼《りったいしれい》（皇太子になられる式）

大正五年十一月三日、この日は夜が明けきるころには、空はどこまでも青く、高く、澄《す》みわたっておりました。その青空に向けて、宮城道灌濠《きゅうじょうどうかんぼり》のほとりの紅葉山《もみじ》や、大池岸《おおいけぎし》、乾《いぬい》門通《もんどお》りのもみじも、赤い炎《ほのお》が静かに燃えるように広がっていました。

宮城《きゅうじょう》の中では、立太子礼《りったいしれい》がおごそかにおこなわれておりました。立太子礼とは、いまの天皇さまの次に、天皇になられる皇太子《こうたいし》はこのお方ですと、世の中に知らせる式なのです。お母さまの皇后陛下《こうごうへいか》や皇族《こうぞく》、大臣たちが見まもるなかで、裕仁親王《ひろひとしんのう》は皇太子のみしるしである、「壺切《つぼきり》の御劔《ぎょけん》」を、お父さまの天皇陛下からいただかれました。「壺切の御劔」とはご先祖の第六十代、醍醐《だいご》天皇が皇太子のとき、父、宇多《うだ》天皇からさずかり、それからずっと、皇太子のみしるしとして受けつがれている宝《たから》の劔《つるぎ》なのです。

十五歳《さい》の裕仁皇太子殿下《ひろひとこうたいしでんか》は、同じ年の男の子たちより背も高くなられていました。堂々《どうどう》と陛下の御前《ごぜん》に進まれて、御劔を受けられました。そのごりっぱなお姿を、みな、たのもしく、うれしくお見《み》あげしたのでありました。

二　ご婚約《こんやく》

皇后陛下は、立太子礼がすまれたころから、次は、皇太子にすばらしい妃《ひ》殿下（お嫁《よめ》さま）をお迎《むか》えしなければと、考えておられました。

やがて、日本の国の皇后となられる方です。それにふさわしいお方をさがさなければ。お心が美しくおおらかで、賢《かしこ》いお方。お体《からだ》も丈夫《じょうぶ》なお姫《ひい》さまを、神さまはきっとご用意くださっていると、信じておられました。

ある日、皇后さまは、学習院《がくしゅういん》中等科三年の生徒が勉強しているようすをご覧《らん》になりました。そのなかに、前髪《まえがみ》はおかっぱにして後《うし》ろに長くたらした髪を、白い大きなリボンで結んだ女の子がいました。

おだやかで、よく笑顔《えがお》を見せる、その笑顔がとても愛らしい子です。友だちのおしゃべりは、にこにこしながら聞き手（聞くほう）にまわっていますが、授業のときははきはきと答えるので、皇后さまのお目にとまったのです。

「あの生徒は、何《なん》という名ですか」

おそばの方に聞かれました。

「久邇宮邦彦王《くにのみやくにひこ》の第一王女《だいいちおうじょ》、良子女王《ながこじょおう》です」

皇后さまは、大きくうなずかれました。久邇宮邦彦王の王女であれば、何ごともよくできて良い子であることはまちがいない、と思われたのです。

良子女王のおじいさまは伊勢神宮《いせじんぐう》（内宮《ないくう》には天照大神《あまてらすおおみかみ》、外宮《げくう》には豊受大神《とようけのおおかみ》をおまつりしている）の祭主《さいしゅ》（伊勢神宮の神さまをおまつりする、いちばん上の位《くらい》の人）を、務《つと》めていました。お父さまは、陸軍軍人で愛知《あいち》県豊橋《とよはし》にある第十五師団《しだん》の師団長をしていました。

良子《ながこ》女王には兄が二人、次が良子さまで妹二人、弟と、六人きょうだいでした。

お母さまの俱子妃《ちかこひ》も、ひかえめな、賢《かしこ》い方でした。

久邇宮家では、子どもたちにそれぞれ侍女《じじょ》をつけていました。しかし、子どもたちが自分のことは自分でするように、わがままにならないようにと、よく育てていることも、皇后さまのお耳にはいっていました。

ある日、皇后さまはまた学習院にお出かけになりました。音楽の時間でした。先生は、皇后さまがご覧くださるのですから、組《くみ》でいちばん上手《じょうず》に歌う良子姫に歌わせて、お聞かせしました。シューベルトの子守唄《こもりうた》でした。

「ねむれ、ねむれ、母のむねに、ねむれ、ねむれ、母の手に……」

美しいソプラノの歌声《うたごえ》に引きこまれ、みんな、やさしい気持ちになりました。思わずうっとりと聞きいられた皇后さまも、いつもはひかえめな良子姫であることを思われました。ますます姫を、お気にいられました。

皇后さまはそれとなく、二、三人の女生徒といっしょに良子姫をお呼びになり、いろいろお話をしてみました。そのとき、良子姫のお手にひび（こまかいきず）ができているので、たずねられました。

「良子《ながこ》さま、そのお手はどうしましたか」

「庭の花の世話をしたり、廊下《ろうか》の雑巾《ぞうきん》がけをしましたが、つい、そのあとの手入《てい》れがよくありませんでしたもので」

愛くるしい笑顔で、ちょっと、はずかしそうに答えられました。

皇后さまはあとで、良子姫のお母さまが豊橋のほうに行かれていていそがしいので、家のことも手伝って雑巾《ぞうきん》がけまでなさるのだと、おわかりになりました。

皇后さまはいよいよ、皇太子妃は良子姫以外にはおられないと、お心に決められたのでした。大正時代は、子どもたちは世の中のことを、まだよく知らないのだから、子どもの結婚する相手《あいて》を見つけるのは親の務《つと》めであると、みな考えていましたから。

大正六年八月三十一日の天皇のお誕生日《たんじょうび》に、うちうちで皇太子妃は良子女王と決まりました。その年の終わりごろに、久邇宮家に、天皇、皇后のお使《つか》いとして宮内大臣《くないだいじん》がまいり、「皇太子妃に良子女王を」と申しいれました。邦彦王は、「喜んで」とお受けしました。

大正七年一月十七日、ご婚約《こんやく》（結婚の約束）は発表されました。

お父さまは良子姫に申しました。

「あなたは皇太子殿下のお妃《きさき》に選ばれました。やがては皇后となられるのです。そのためには、特別にお妃となるための勉強をしなくてはいけない。わかりましたね」

「はい」

十四歳の良子姫は、結婚とはどういうことか、まだ、よくわかりませんでした。ただ、ご自分に重い務めが与《あた》えられたことだけは、しっかりと受けとめて、すなおに、うなずかれたのでした。

二月にはいるとすぐに、良子姫は学習院をやめられました。おやしき内に建てられた御《ご》学問所《がくもんじょ》で、三月からお妃《きさき》教育は始められたのでした。文学、数学、歴史から、お花、お茶、作法《さほう》、舞踏《ぶとう》までありました。

お妃教育の先生のなかには、皇太子殿下に倫理《りんり》をお教えしている杉浦重剛先生もいました。杉浦先生は、皇太子殿下にお教えするのと同じように、日本の皇室《こうしつ》のほんとうの有《あ》りようを良子姫に丁寧《ていねい》にお教えしていきました。

そのころに、久邇宮家には色を見分けることができない病気《びょうき》の疑《うたが》いがあるから、ご婚約をお断《ことわ》りするように、などと言ってくるものがいました。しかし、

「科学であっても、まちがうことだってあるのだと、私は聞いている」

大正天皇はおっしゃいました。皇太子殿下も、

「良子姫がよい。他《ほか》の者《もの》では困《こま》る」

と、そばのものに、おもらしになりました。

「殿下も姫も、よいと言われ、お約束したことです。お二人の気持ちがお変わりでないのに婚約を破るのはいけません」

御母皇后も言われました。

ご婚約から三年後の、大正十年二月十日、「皇太子殿下、ご婚約ご変更《へんこう》なし」の号外が町の中を走りました。お二人のお幸せを願い、心配して見まもっていた国民は、たいそう喜びました。

のちに皇后となられた良子姫は、さまざまな色を使いわけた、すばらしい日本画をたくさん描《えが》かれています。もし色を見分けることができない病気であれば、そんな絵をかくことはむずかしいのです。

三 ヨーロッパご旅行

裕仁皇太子殿下《ひろひとこうたいしでんか》は、日本の皇太子としては、これまでになかった、ヨーロッパへの見学の旅に出られることになりました。大正十年三月三日の、ひなまつりの日でした。

横浜港の沖《おき》三マイルの海に、一万二千トンの軍艦香取《ぐんかんかとり》が、皇太子が乗りこまれるのをお待ちしていました。

皇太子殿下は、二荒芳徳《ふたあらよしのり》らをしたがえて、数万人の人びとが日の丸をふってお見送りするなかを、香取に乗りこまれました。

春の波がゆったりとうねり、まっ白いカモメが皇太子殿下のご旅行をお祝いするように、香取のまわりを飛びまわっておりました。

わが国はそのころ、世界のさまざまなことで進んだ国の仲間入りをしておりました。第一次世界大戦（ドイツ・オーストリア・イタリアの三国と、イギリス・フランス・ロシアの三国がヨーロッパや世界の国ぐにをまきこんで、お互《たが》いに自分の国の力を大きくしようとした戦争）のあとでは国際連盟《こくさいれんめい》（国と国とが仲よく平和を保《たも》ちつづけようとするしくみ）の常任理事国《じょうにんりじこく》にも選ばれていました。

その国の天皇になられるお方です。広く世界を見わたし考える力を持つことは大切なことでした。そのために、お出かけになったのです。

三月三日の夜、日本を発《た》たれた皇太子殿下は、四月の中ごろにイギリスのポーツマスにつきました。お迎えに来ていたイギリスの皇太子とともに、ロンドンのバッキンガム宮殿《きゅうでん》にはいられ、歓迎会に出られました。

大正10年、ヨーロッパご訪問の途中、軍艦「香取」はシンガポールに停泊。船上でデッキゴルフを楽しまれる裕仁親王殿下。

ロンドン市長による歓迎会もありました。千人ものイギリス人の前で、まだ二十歳《はたち》の皇太子が落ちつきはらって、あいさつをされました。ホールをゆるがせる大きな拍手《はくしゅ》に、お付きの人々はうれしくて、涙がこぼれそうでした。

アソール公爵《こうしゃく》のやしきにも、しばらく泊《と》まられました。このとき、食事のあと、おおぜいでダンスをするのですが、公爵は牛飼《か》いの妻と、公爵夫人は麦《むぎ》つくりの男と組《くみ》になって、おどるのです。皇太子殿下は、

「日本の皇室も、あんなふうに国民と付きあうおりがあるといいのだが」

と、ひとり言《ごと》をもらされました。

「アソール公は、イギリスでは王室《おうしつ》（国王《こくおう》の一族《いちぞく》）の次にりっぱな家がらだというのに、少しもぜいたくな暮らしをしていない。日本の華族《かぞく》（公爵とか伯爵《はくしゃく》とかいう位《くらい》をもった人たち＝いまはなくなった）や金持ちも、アソール公を見習《みなら》ったならば、国民みんなが仲よく暮らせると思う」

とも、おっしゃいました。

ついでフランス、イタリアをたずねました。ローマ法王ベネディクト十五世とも会《あ》われ

ました。

皇太子が行かれたころは、第一次世界大戦が終わったあとでした。はげしい戦《たたか》いのあったベルダンなどでは、爆弾《ばくだん》でこわされた家や毒ガスで枯《か》れてしまった木が立っていました。

「戦争は人類にとって、悲しくいたましいことだとは思っていたが、自分の目で戦《いくさ》のあとを見て、戦争は決して、やってはいけないものだと、よくわかった」

皇太子さまはお付きの方に言われました。

七月十九日にナポリで香取に乗られ、九月三日の朝はやく、ぶじに横浜にお帰りになりました。


皇太子さまは翌日さっそく、日光《にっこう》の御用邸《ごようてい》に向かわれました。大正天皇が病気が重くなられて日光御用邸でお休みになっておられたからです。はや日光のあたりは秋めいた風が吹きコスモスが咲きみだれておりました。

先にこられていた秩父宮《ちちぶのみや》や高松宮《たかまつのみや》、とりわけ六歳の澄宮《すみのみや》(のちの三笠宮《みかさのみや》)も待ちかねておられました。半年のあいだにお体《からだ》までたくましく、見ちがえるばかり大人《おとな》っぽくなられた皇太子殿下がおつきになりました。遠くで歓迎の花火があがっていました。

父陛下《へいか》をねんごろにお見舞《みま》いになり、母陛下にこまやかなごあいさつのあと、弟宮がたにはそれぞれにおみやげをお手渡しになりました。

澄宮は将棋《しょうぎ》のお相手をねだりました。皇太子さまはお相手をしながら、澄宮に話されました。

「私は、おもう様（お父様）から将棋を教えていただいた。おもう様は、私が勝つと、ごほうびに世界一周の歌をお歌いくださった。その歌が、私がヨーロッパを旅行する夢を育ててくださり、この度《たび》、実現したんだよ」

澄宮が物ごころつかれるころから父陛下はご病気で、澄宮はお元気なおもう様をご存じない。その澄宮に、父陛下のほんとうのお姿をお教えしておこう。また、ご病床《びょうしょう》の父陛下への行きとどいた皇太子さまのお気配《くば》りを感じ、おそばのものは感じいったのでした。

夜になると、地元《じもと》の若者や小学生が手に手に灯《ひ》のはいった提灯《ちょうちん》をさげて御用邸のまわりを取り囲みました。皇太子がお出ましになると、君が代の大合唱が御用邸をつつんだのでした。

四　摂政《せっしょう》におつきに

大正十年十一月二十五日、晩秋《ばんしゅう》の空には、いまにも秋時雨《しぐれ》でもきそうな、うす墨《ずみ》色の雲が流れていました。

この日、宮中《きゅうちゅう》、西溜間《にしだまりのま》で皇族会議が開かれました。出席されたのは、皇太子《こうたいし》裕仁親王殿《ひろひとしんのうでん》下《か》、伏見《ふしみ》、閑院《かんいん》、東伏見《ひがしふしみ》、山階《やましな》、賀陽《かや》、久邇《くに》、梨本《なしもと》、朝香《あさか》、北白川《きたしらかわ》の各宮と、伏見二若宮、久邇若宮の十三人でありました。

天皇ご病気のため、天皇に代《か》わって国事《こくじ》をおこなう摂政《せっしょう》を置かれる重大な会議が開かれることになったのです。

午前十一時、牧野宮内大臣《まきのくないだいじん》が、天皇のご病状を説明し、摂政を置かなければならぬことを申しのべました。天皇のご病気を心配して、その日の空のように重《おも》苦しい空気でした。

伏見宮が、みなを代表するかたちで、

「皇太子殿下が摂政におつきくだされば、天皇陛下もお心安らかにご養生《ようじょう》いただけると思いますので、それでよろしいと思います」

と発言され、ひとりの反対もなく、皇太子殿下に摂政におつきいただくことに決まりました。

このあと枢密院《すうみついん》（旧憲法のころ、国事《こくじ》の重要なことについて、天皇が意見を求めたところ）も反対はありませんでした。

天皇の御名《ぎょめい》によって、摂政を置く詔書《しょうしょ》が出され、皇太子は摂政の大任におつきになりました。まだ二十歳のお若いときでありました。

皇后さまにお仕《つか》えする一女官《じょかん》が詠《よ》みました、

喜ばしきか　はた悲しきか　言ひ知らぬ　涙《なみだ》にしめる　大宮の内

は、宮中だけではなしに、すべての国民の思いでもありました。

そのころは第一次世界大戦が終わったあとで、失業者はふえました。物は売れず値《ね》はさがり、銀行までが支払いを止めるところも出ました。労働組合や農民組合が会社や地主《じぬし》を相手どった、大きな争いが次つぎとおきていました。

こんな、たいへんむずかしい時代に皇太子裕仁殿下は、天皇さまの代わりをお務《つと》めになられたのです。

五　関東大震災《かんとうだいしんさい》

大正十二年九月一日午前十一時五十八分四十四秒の魔《ま》の時刻《じこく》、関東大震災が襲《おそ》いました。被害は関東全体におよびましたが、なかでも東京と横浜は激《はげ》しく、下から突きあげ揺《ゆ》りあげた地震《じしん》で多くの家がつぶれました。ちょうど昼食の用意に火を使っていたから、たまりません。東京では、市内百三十四か所からあがった火の手は、逃げまどう市民をつつみこんで、九月三日の朝がたまで燃えつづけました。

当時、東京市の人口は約二百二十六万五千人でしたが、家を失《うしな》ったり、こわれて住めない人は百七十万をこえました。死者は五万八千余人、行くえ不明一万余人。

横浜も火の海となり、死者と行くえ不明者あわせて二万七千人。

東京も横浜も市の三分の二が燃えたのです。炎《ほのお》の熱気で気温は五十度ちかくなり、つむじ風が火をまきあげ、まさに、この世の地獄《じごく》でした。

いちばんの激震地《げきしんち》は小田原《おだわら》で、家はほとんど倒れ、全焼《ぜんしょう》。山津波《やまつなみ》は根府川《ねぶかわ》の村をうめ、駅に停《と》まっていた列車を乗客もろとも海に押し流してしまいました。

摂政宮《せっしょうのみや》は、宮城正殿《きゅうじょうせいでん》の中庭に出られて、ごぶじでした。翌日、世の末かと思うばかりの火災と、余震《よしん》の続くなか、第二次山本権兵衛《ごんべえ》内閣の親任式《しんにんしき》（天皇みずから任命する式）をあげられました。

震災のすぐあと、「富士山が大噴火《ふんか》した！」「東京にすごい津波が来た！」などという根拠のないうわさが、人の口から口へと乱《みだ》れ飛びました。人々はなお恐《おそ》れ、世の中の不安は広がるばかりでした。

摂政宮は天皇の御名《ぎょめい》で九月十二日、詔書《しょうしょ》を出されて、これを鎮《しず》められました。十三日には馬に乗られて、いちばん被害のひどかった上野公園、日本橋のあたりをまわられて被災《ひさい》者《しゃ》を励《はげ》まされました。

のちに昭和天皇は、次のように語っておられます。

「ちょうど箱根《はこね》に行くはずだったが、加藤（友三郎《ともさぶろう》首相）が死に、政変《せいへん》がおきたので東京にいた。箱根は震災で大きな被害を受けた。もし箱根に行っていたら……。加藤が守ってくれたのだ」

六　ご結婚

大正十一年七月二十八日、ご納采《のうさい》の儀《ぎ》（結納《ゆいのう》のこと）を終えられて、いよいよご結婚というときに、関東大震災がおきました。そのため大正十二年十一月末のご婚儀《こんぎ》は先へのばしてしまわれました。

この世のものとも思えない恐《おそ》ろしい大地震と大火から、人々はようやく勇気を出して立ちあがろうとしていました。

そして悪夢《あくむ》のような年は暮れて、大正十三年は明けました。年の始めの希望にくわえ、待ちかねた、摂政宮《せっしょうのみや》と久邇宮良子女王《くにのみやながこじょおう》との、ご結婚式が一月二十六日にあげられることも、人びとの心を明るくしていました。

大正七年一月のご内約から七年がたっていました。十四歳であった良子姫は二十歳になられていました。全国民が自分のことのように気をもみ、待ちに待った日でありました。

賢所《かしこどころ》大前にお二方《ふたかた》が進まれるころ、祝砲《しゅくほう》が東京市中にひびきわたり、人びとは喜びにわきにわきました。

もろともに　千代《ちよ》をちぎりて　さかへなむ　春のみやまの　桃《もも》のふたもと

と、御母皇后もお喜びを歌われました。

ご結婚の儀を終えられた翌日、裕仁皇太子殿下《ひろひとこうたいしでんか》と良子妃殿下《ながこひでんか》は、沼津《ぬまづ》でご病気をなおしておられる天皇さまにごあいさつにいかれました。天皇さまはとてもにこやかにお二人をおむかえになられました。

大正十三年五月三十一日、お祝いの会が開かれ、国をあげてお祝いの気分がもりあがっていました。しかしそのころアメリカでは日本からの移民をこばむ〝排日法案《はいにちほうあん》〟が提出《ていしゅつ》されました。それをいきどおり反米をさけぶ者も現れ、世の中はさわがしいことでありました。

大正14年、赤坂離宮で撮影。摂政宮は、ご結婚を機にヒゲをたてられ、威を備えられたと後年もらされた。

第二章

一　「昭和」の始まり

大正十五年もあと六日で終わろうとする二十五日、葉山御用邸《はやまごようてい》で父天皇さまが崩御《ほうぎょ》（おなくなり）されました。皇后《こうごう》さまが長いあいだ付《つ》きっきりでご看病《かんびょう》なさいましたのに。

深いお悲しみのうちにも、皇太子裕仁親王《こうたいしひろひとしんのう》はただちに午前三時すぎ御用邸で、天皇の御《み》位《くらい》をおつぎになる儀式《ぎしき》「剣璽渡御《けんじとぎょ》」の儀《ぎ》をおこなわれました。天皇さまの御位のしるしである「三種神器《さんしゅのじんぎ》」のうちの璽《たま》と剣を受けつがれる儀式です。同じ時刻に宮城《きゅうじょう》（皇居）の賢所《かしこどころ》では鈴の音とともに、第百二十四代の新天皇が天皇の御位をつがれた奉告《ほうこく》がおこなわれました。

「大正」から「昭和」に年号《ねんごう》も変わりました。大正十五年十二月二十六日は昭和元年十二月二十六日となったのです。

「昭和」とは、天皇さまと国民がひとつになって世界の平和を願う祈りがこめられている年号なのです。

二　お田植え

天皇さまの御位《みくらい》におつきになられると、さっそく赤坂離宮《あかさかりきゅう》の中に水田《すいでん》をつくられました。六月になるとお田植えをなさり稲《いね》を育てられました。ご先祖天照大神《せんぞあまてらすおおみかみ》からの教《おし》えをご自分からなさり国民にお示《しめ》しくださったのです。

田んぼに稲の苗《なえ》を植えて大切に育て、実ると刈《か》りとり、お米にする、たいへんな愛情と手をかけて作られたお米を食べて命《いのち》をつなぎ生きてきた私たちは、昔から先祖代々《せんぞだいだい》、〝瑞《みず》穂《ほ》の国＝日本〟の国民なのです。

天皇さまは、稲をつくる農業の大切なことを国民がよく知るように、稲ができお米ができるのは、天からの太陽や雨のめぐみと、大地の土からのめぐみ、それからたくさんの人びとの努力があってできるのだということを、ご自身で、もくもくとなさることで教えてくださいました。また、天地大自然に、ご先祖に、お米をつくってくれる人びとへの、感謝の気持ちも教えてくださったのです。

三　ご即位《そくい》を祝う若者と天皇さま

新しく天皇が御位《みくらい》につかれたことを国の中、世界にも知らせる「即位《そくい》」の大きな儀式《ぎしき》は、昭和三年の秋も深まった十一月十日、京都御所紫宸殿《ごしょししんでん》でおこなわれました。それぞれの国の民族衣裳《いしょう》で着かざった世界各国の代表や、大臣、武官文官《ぶかんぶんかん》は平安朝《へいあんちょう》の絵巻《えまき》からぬけだしたような服装で並んで、いっそう華《はな》やぎをそえました。

お祝いの大砲《たいほう》の音にあわせて、全国民がおよろこび申しあげる「天皇陛下万歳《ばんざい》」の声は、この日ばかりは日本列島いたるところであがり、山に建物にこだましました。

十二月十五日には、東京、千葉《ちば》、埼玉《さいたま》、山梨《やまなし》、神奈川《かながわ》から約九万人の学生、青年団員などが陛下の前で、それぞれ行進をして、お祝いすることが決まりました。人数がとても多いので、雨がふったからと次の日にのばすことはできません。木下道雄《きのしたみちお》侍従《じじゅう》が天皇さまにおうかがいしたところ、天皇さまは、

「もし雨がふれば青年たちは雨具を着るように。自分が立つ場所には、どんな大雨でもテ

ントは張《は》ってはならない」

と、二つのことをきびしくおおせになりました。

ところが当日は明け方からすさまじい嵐《あらし》で強い風にあおられて雨は横なぐりです。九万人の大行進の時刻《じこく》が近づいても雨風は強まるばかりでした。大臣たちは心配して天皇さまがお立ちになるところにテントを張り、その中にお入りいただくようにお願いしました。

「みなが雨の中でずぶぬれで行進するのだから」と天皇さまはテントを取りのぞくように、お命《めい》じになりました。それを知った若者たちはおどろき、よろこびました。

「君たちといっしょにぬれようではないか」とおおせくださっているのだ！　若者たちは次つぎ着ていた雨ガッパをぬいでしまいました。

天皇さまは台の上にお立ちになって、みなが雨ガッパを着ていないことに気づかれ、マントを後ろにぬぎすててしまわれました。すこし雨は小ぶりになりましたが、身を切るように冷たい風が吹きすさんでいました。

やがて宮城前広場《きゅうじょうまえ》をうめつくした若者たちの大行進は始まりました。若者たちは感激にほおを赤くして勢いよく大地をふみしめて歩きました。ひとつのグループごとに何度もお答えになり礼をかえされて一時間二十分、天皇さまは立ちつくされました。まさに、天皇さまと若者の心がひとつにとけあった美しい景色《けしき》でした。ぬれたお立ち台には行事《ぎょうじ》が終わったあと、天皇さまの靴のあとがきちんとそろって残されていました。冷たい雨と風の中、すこしも姿勢をくずすことなく立ちつづけ、一時間二十分ものあいだ青年たちにあたたかな眼《まな》ざしをそそがれたのです。

四　暗い雲

イギリス、フランス、オランダなど白色人種《はくしょくじんしゅ》の国が、力の弱いアジアの国ぐにを次つぎ植民地《しょくみんち》にしていました。植民地とは、ほんとうは自分の国でないのに、力でその国の国民をしたがえて、少しのお金で働かせ、できたものは自分たちの国の利益《りえき》にして取りあげてしまうのです。

アジアの小さな国であったわが国が、日清日露《にっしんにちろ》の戦争に勝ち、明治の御代《みよ》のわが国の進歩発展《しんぽはってん》は目をみはるものがありました。明治天皇の国を思われるお心と、その天皇をお慕《した》いする国民が、よく勉強し、よく働いたからです。

ところが明治天皇がおなくなりになり大正になったころから、人びとはヨーロッパやアメリカの文明をまねることばかりに力をいれて、自分中心にものごとを考え、自分だけ楽しければよいとする世の中になっていきました。

明治四十五年、中国では清国《しんこく》が滅《ほろ》びました。その二年後の大正三年、第一次世界大戦というヨーロッパ全体をまきこんだ大きな戦争が始まり、四年あまり続きました。そのあいだにロシア帝国《ていこく》も滅び、共産主義《きょうさんしゅぎ》の国に変わりました。

アメリカなどでは、世界の強い国の仲間にはいった日本が、どんどん強くなるのではないかと、恐《おそ》れました。大正十三年にアメリカは排日移民法《はいにちいみんほう》（日本人を移民させない）をこしらえました。

満州《まんしゅう》は、日本が日露戦争《にちろせんそう》で勝ったのでロシアに占領《せんりょう》されずにすんだのです。それに満州では自分のことを大元帥《だいげんすい》といっている張作霖《ちょうさくりん》がそのとき約束したことを認めようとしません。満州鉄道の仕事をまとめることになった山本条太郎《じょうたろう》は張作霖と話しあいました。

「日本がロシアと戦い、日本が勝ったおかげで満州はロシアに占領されなかったのではないか」

「はい、そのとおりです」

「日本は日露戦争で十万の若者が戦死し、満州の山野《さんや》はその血で赤く染《そ》まった。このようにして満州を助けたではないか」

「はい、そのとおりです」

「それなのになぜ、あなたは満州鉄道のことで文句《もんく》を言われるのですか」

「いいえ、文句など申しません」

　と、張作霖と山本は笑顔で手をにぎりあい、わかりあいました。

　ところが、満鉄を守りソ連が満州に入ってくるのを防ぐためにおこなっている日本の関《かん》東軍《とうぐん》の河本大作大佐《こうもとだいさくたいさ》が、上からの命令がないのに、勝手《かって》なことをしてしまいました。張作霖の乗った列車を満州鉄道鉄橋《てっきょう》で爆破《ばくは》して張作霖は死んでしまったのです。河本大作のしでかしたことは、日本の軍隊のきまりをやぶった犯罪《はんざい》です。河本を軍のきまりどおりにきびしく罰《ばっ》するべきでした。それも、できるかぎり早くすることが大切でした。

　ところが陸軍大将《りくぐんたいしょう》でもあった田中義一《ぎいち》総理大臣は、河本を罰せずに事件をうやむやにすませてしまおうとしました。天皇さまは外国の新聞もよくお読みです。誠《まこと》の心、国と国が信じあい仲よくすることを何より大切にされます。「軍隊のきまりはきびしく守るように」と総理になんども言われたのに、総理はごまかしてしまおうとしました。天皇さまはこのとき、二十八歳でしたが、

「まえに総理が私と約束したことと違うではないか。これでは軍のきまりは保《たも》てない」

と、たいへんお怒《いか》りになりました。

このように、上の命令を聞かず勝手なことをしようとする者が軍の中にあるのを、どうして正しい道を進ませるかに、天皇さまのご苦労は続いたのです。

五　天皇のお心を忘れた人びと

日本の天皇さまは代々《だいだい》、天皇の御位《みくらい》のしるしとして受けつがれた〝三種神器《さんしゅのじんぎ》〟にこめられた天照大神《あまてらすおおみかみ》のお心を心としておられます。世の中がおだやかで、すべての国民が幸せであることを、天照大神をはじめとするご先祖《せんぞ》の神々に日々、お祈りくださる有《あ》り難《がた》い存在

でありつづけています。その祈りは昭和三年の、即位《そくい》の大礼《たいれい》（天皇の御位《みくらい》におつきになる大切な式）のときにくだされた勅語《ちょくご》で「外ハ即《すなわ》チ国交《こっこう》ヲ親善《しんぜん》ニシ、永《なが》ク世界ノ平和ヲ保《たも》チ、普《あまね》ク人類ノ福祉ヲ益《ま》サンコトヲ冀《こいねが》フ」と、おおせられたとおり、世界の人びとがみんな仲よく平和に暮《く》らせるように、との深く広い祈りとなっておられました。ところが関東軍《かんとうぐん》や陸軍《りくぐん》の上のほうの、ほんの少しの軍人のなかには、昭和天皇のこのいちばん大切な、〝祈りのお気持ち〟を忘れて、自分勝手なことをする者がおりました。

　そのような人びとに昭和天皇は、

「いうまでもないことだが、軍は軍のきまりがあってそれを守ることがいちばん大切なのだ。きまりはきびしく守るようにしなければならない」

　と、くりかえしおおせになりました。

　ところが、関東軍が満州《まんしゅう》鉄道を爆破《ばくは》したことから満州事変《じへん》がおこります。天皇さまは、

「私は国と国の約束を大切にし、世界がずっと平和であるようにと努力している。それが、わが国も栄え国民の本当の幸せを約束するものだと信じている。それに軍が国の外に出たところで、私の命令を聞かず、よく考えもしないで事件を大きくし武器を使うとは、とて

も残念《ざんねん》だ。こんなことをしていると、多くの国ぐにが力ずくでわが国にこうしろああしろと言ってくるようになる。すると、国と国民を滅《ほろ》ぼし不幸におとしいれることになる。それでは国民やご先祖に相済《あいす》まない。九千万の国民と代々のご先祖から受けついだわが国のゆくえは、いま、私の責任である。それを考えると夜も眠れない」

と、おそばの者に軍の勝手な行動をひどくご心配なさっていました。

しかし、天皇さまの、みんな仲よく平和に、のお祈りにそむいて、満州に続いて、中国の上海《シャンハイ》でも日中《にっちゅう》間の争いがおこりました。

この第一次上海事変に派遣《はけん》されることに決まった白川義則《よしのり》陸軍大将に、天皇さまは、

「長追《ながお》いしないで、早く事を収《おさ》めるように」

と、とくにお命じになりました。白川大将は、天皇さまのお心をしっかりと胸にして、昭和七年一月におきた事変を、三月三日にやめさせました。陸軍の上のほうの者は白川大将に、陸軍の考えと違うことをするとたいそう怒《いか》りました。が、天皇さまは、

「白川はよくやった」

と、心からお喜びになりました。ところが白川大将はその年の四月二十九日、天長節《てんちょうせつ》

（天皇さまのご誕生《たんじょう》をお祝いする日）のお祝いのところへ、朝鮮人が投げた手投《てな》げ爆弾でなくなってしまいました。天皇さまは、

をとめらの　雛《ひな》まつる日に　戦《いくさ》をば　とどめしいさを　思い出でにけり

の御製《ぎょせい》（天皇さまの御歌）を、鈴木侍従長《じじゅうちょう》から白川大将の遺族《いぞく》にお贈《おく》りになりました。白川大将が天皇さまのお心にそって、戦《いくさ》を止めようと骨を折っていた同じころ、三月一日に満州国が生まれました。

陸軍の上のほうの者や関東軍は、すべてを天皇の名のもとに進めましたから、国民は大陸に軍の兵を進めるのも天皇さまのお考えと思いこんでいました。溥儀《ふぎ》を皇帝《こうてい》に立てましたが、実際の権力はすべて関東軍がにぎっていました。天皇さまは、

「満州の国のことまで、関東軍がするのはよくない」

と、ものごとの正しい姿をお教えになりました。

昭和八年の「御歌会始《おうたかいはじ》め」の、天皇さまの御製《ぎょせい》

あめつちの　神にぞいのる　朝なぎの　海のごとくに　波たたぬ世を

でも拝《はい》せますように、天皇さまは、国と国とが助けあい仲よくすることを強く願っておられました。しかし、またもやお心に反する方向に、わが国は突っ走ってしまいます。それは、国際連盟（第一次世界大戦のあと、国と国との平和を守り協力しあう国の集まり）からぬけだしてしまったことです。

このときも天皇さまは内大臣《ないだいじん》に、

「日本が国際連盟を脱退《だったい》することは、とても残念《ざんねん》なことである。連盟は世界の平和を願って仕事をしている。日本も同じ願いを持っている。連盟をぬけても世界平和のために尽《つ》くすことを、よく世界に知らせるように」

と、おおせられました。

六　皇太子殿下《こうたいしでんか》ご誕生《たんじょう》

昭和八年十二月二十三日、まさに昇《のぼ》ろうとする太陽が東の空を輝《かがや》かしい朱《あけ》に染《そ》めた午前六時三十九分、親王殿下《しんのうでんか》ご誕生を知らせるサイレンが高らかに鳴りひびきました。国をあ

昭和９年、那須御用邸のご一家。左から照宮成子内親王、天皇陛下、順宮厚子内親王、皇后陛下、皇太子殿下（今上天皇）、孝宮和子内親王

げてお待ち申しあげていた親王殿下でした。内親王《ないしんのう》さまが四人続かれたあとの、おめでたい出来ごとでありました。

内親王さまであればサイレンは一回、二回鳴れば親王殿下ご誕生ということで、東京では丸ビル、上野《うえの》科学博物館、池上本門寺《いけがみほんもんじ》など十三か所のサイレンがよろこびのときを待っていたのでした。

「サイレンの二声を聴《き》く。遂《つい》に国民の熱心なる希望は満たされたり。大問題は解決せられたり。感無量《かんむりょう》。涙《なみだ》を禁ずる能《あた》わず。……ご生誕《せいたん》、あたかも日の出と時を同じうす」と、『木《き》戸幸一《どこういち》日記』には記《しる》されています。

天皇さまに皇太子殿下ご誕生と申しあげたところ、

「たしかに親王か」

と、お顔をほころばせられ、たいへんお喜びでした。

皇居前《こうきょまえ》はお祝いの小旗《こばた》でうずまり、夜は提灯行列《ちょうちんぎょうれつ》がくりだし、街には花電車が走り、国民はよろこびにわきました。

「御名　明仁《あきひと》」「御称号《ごしょうごう》　継宮《つぐのみや》」と、昭和八年もあと三日という二十九日に発表され、国中が明るい気分で年を越すことになりました。

七　二・二六事件

昭和十一年二月二十六日、その前の夜から東京は気象台始《きしょうだい》まって以来の大雪でした。黒い雲は低くたれこめて地面の白さをきわだてていました。

まだ明けやらぬ東京市内で時ならぬ銃声《じゅうせい》がひびきわたりました。首相官邸《かんてい》、斎藤《さいとう》内大臣、高橋大蔵《おおくら》大臣、渡辺《わたなべ》陸軍教育総監《そうかん》、鈴木侍従長官《じじゅうちょうかん》のやしきが、陸軍のさわぎをおこした将校《しょうこう》がひきいる部隊によって襲《おそ》われました。内大臣斎藤実《みのる》、蔵相高橋是清《これきよ》、陸軍教育総監渡辺錠太郎《じょうたろう》、首相の身代わりで義理《ぎり》の弟の松尾《まつお》大佐や警官四名も殺されました。また湯河原《ゆがわら》の旅館にいた元の内大臣牧野伸顕《ないだいじんまきののぶあき》を襲い、警官を射殺《しゃさつ》、放火《ほうか》しました。

さわぎをおこした陸軍大尉らの言い分は、国家が重大な危機《きき》になっているおりに、国がらをわきまえないで勝手なことをする者を倒して、昭和維新《いしん》を実現するのだというのです。

午前五時四十分、まだお休みであった天皇さまに侍従が事件を申しあげました。そのと

き、天皇さまは、深いお悲しみをこめたお声で、

「とうとう、やったか……」

と、おおせられて、しばらくして、

「まったく私の不徳《ふとく》（徳がたらないこと）のいたすところだ」

と、おっしゃいました。そのお声はいまも忘れられないと、甘露寺《かんろじ》侍従は書いておりま
す。天皇さまは、

「私の大切な老臣《ろうしん》を殺す。このような者は、言い分が何であろうと、決して恕《ゆる》せない」

と、強いお言葉がありました。軍の上の者たちが、さわぎをおこした将校に引きずり回
され、二十八日になっても鎮《しず》められないのをご覧《らん》になられて、

「私が出向いて鎮《しず》める」

とのおことばに、ようやく、

「勅命下《ちょくめいくだ》る。軍旗《ぐんき》に手向《てむか》うな」

と大きく書いたアドバルーンがあげられ、飛行機から、左のようなビラもまかれました。

「兵に告《つ》ぐ、勅命を奉体《ほうたい》して、すぐに軍旗のもとに帰れ」

二十七日に東京市に出されていた戒厳令《かいげんれい》（世の中の安全を守るために軍が出したきまり）も、ようやく七月十八日にとかれました。

しかし陸軍の上のほうの者は、事件をおこしたことを反省しないで、いっそう政治にくちばしを入れだしました。

「このごろ陸軍は事件をくりかえし、とうとう今回のような大事を惹《ひ》きおこしたことは、わが国の歴史を汚《けが》すものだ。心配でならない。二度とこのようなことがないようにせよ」

と、天皇さまはお命じになりました。

歴史の激《はげ》しい移り変わりと、人間の欲望《よくぼう》や心変わりのなかにあって、ただご一人《いちにん》天皇さまだけは、お変わりになることがありませんでしたから、落ちついた強い態度をとることがおできになられたのです。

それは国家の、国民の、〝中心〟であり、天照大神からとだえることなく続いている、わが国の〝中心のお方〟だからです。国民のことを大御宝《おおみたから》とおよびくださる大きな慈愛《じあい》のお心で、その幸せをつねに願ってくださる中心のお方だからです。

自分の力とかお金や名誉など、思われることなく、ただただ私《わたくし》ごころのない中心のお方をいただいている私たちは、世界一の幸せな国がらであり国民と申せましょう。

昭和天皇は私ごころがおありでないから、ものごとの本当のことを見抜く、するどい眼《め》、すぐれたお考えをお持ちでした。

鈴木貫太郎《かんたろう》が侍従長としてお仕《つか》えしたころに陛下は、

「自分は箕作《みつくり》博士（箕作元八《げんぱち》＝わが国の西洋史学を開拓した）の著作はぜんぶ読んだ」

とおおせられていますと、その著書の中で記《しる》しています。

箕作博士の著書は、『欧州大戦史』という上下巻だけでも二千ページをこえるものや、『西洋史講話《せいようしこうわ》』『西洋史話』『佛蘭西大革命史《ふらんすだいかくめいし》』と、たいへん多い。それをぜんぶご勉強なさり、また白鳥庫吉《しらとりくらきち》博士の東洋史によって、世界の歴史を熱心にきわめられました。

無私《むし》の気高《けだか》いお生まれつきのうえに、世界の歴史にくわしく通じられることによって、そのときどきに正しくさまざまなことをお決めになられました。天皇さまをお助けしなければならない大臣たちに、天皇さまのほうが遠い先までお見通しになり、前もって注意するようにお教えになられるのでありました。

八　支那事変《しなじへん》

昭和十二年七月七日、北京《ペキン》の街はずれの、盧溝橋《ろこうきょう》で日本と中国（当時は支那《しな》と呼んでいた）の両方の軍隊が衝突《しょうとつ》しました。蘆溝橋近くで日本軍が演習中に一発の銃声《じゅうせい》がおこり、一発は日本軍に、一発は中国軍に放たれたのです。日本軍も中国軍もその一発に対して射ち返したのが事変の始まりです。

ここから支那事変というドロ沼の戦争にはまりこみ、それが昭和二十年八月十五日に大《だい》東亜《とうあ》戦争（太平洋戦争とは占領軍がつけた名）が終わるまで、戦争が続くことになるのです。ところが、日本軍と中国軍にそれぞれ一発ずつの弾を打ちこみ盧溝橋事件をひきおこしたのは、そのころ中国共産党の毛沢東《もうたくとう》を助けていた人物ともいわれています。

明治三十年に中国山東省《さんとうしょう》でドイツ人が殺されたことからドイツは膠州湾《こうしゅうわん》を占領《せんりょう》、ロシアはドイツを見はるのだと、その対岸の旅順《りょじゅん》、大連《たいれん》に兵を進めました。日本が日清《にっしん》戦争のつぐないとして得た遼東《りょうとう》半島をロシア、フランス、ドイツ三国で中国に返させておきながら、ロシアは自分がその地を取ってしまったのです。フランスも広州湾《こうしゅう》を借りるということで占領しました。イギリスも、同じように借りるといって九龍《きゅうりゅう》地区などを占領してしまいました。

中国は、日清戦争に負けて、そのうえにヨーロッパの国に国土を食いあらされました。このありさまに中国の愛国者が立ちあがったのが義和団《ぎわだん》でした。紫《むらさき》の衣《ころも》を着て、まっ赤《か》な帯《おび》をしめた義和団の人たちは、次々に外国人を襲《おそ》い、公使館《こうしかん》の館員や公使が殺されました。日本公使館でも五人が殺され六人が重傷を負《お》いました。

この義和団の事件のあと、中国政府やヨーロッパの国とのとりきめを記《しる》した「北清事変《ほくしんじへん》議定書《ぎじょうしょ》」にもとづいて、中国に住んでいる日本人の安全を守るために、約束によって日本軍がそれ以来、北支《ほくし》にとどまっていたのです。

もともと昭和天皇さまは、それぞれの国がそれぞれ所を得て仲よく地球の上で栄えていくことをお望みです。ですから、よその国に日本の軍隊が理由《りゆう》が何であれ長いあいだ、とどまっていることには反対でいらっしゃいました。

それは、支那事変がおこる前のことです。湯浅内大臣《ゆあさないだいじん》におおせになられたことがありました。

「もともとは北支《ほくし》も中国の一部であり、いずれは中央政府である蔣介石《しょうかいせき》の国民政府が治《おさ》めるようになるのが正しいことであろうから、いっそ、相手が言う前に、支那が心のなかで希望しているようにしてやってはどうか」

先を見通される天皇さまは、軍が中国の地にとどまっていることで争いの種になることをご心配されたのでありましょう。

ところが、内大臣はしばらくそのままで見守りますとお答えしました。天皇さまは納得《なっとく》できないごようすでいらっしゃいました。

このときも、昭和天皇のお言葉を政府の人が深く受けとめて、事を天皇さまのお考えのようにしていたら支那事変はおきていなかったとも考えられます。が、おおせを畏《かしこ》んで受けとめなかった結果、天皇さまがご心配されたとおり、北支で大きな事変がおきてしまいます。

陸軍はすぐ五千人の兵隊を中国に送ることに決めました。支那駐屯《ちゅうとん》軍司令官を命じられた香月清司《かづきせいじ》中将《ちゅうじょう》が、天皇さまの前での就任式《しゅうにんしき》をはぶいて立川《たちかわ》飛行場から飛びたったことを知られた天皇さまはおっしゃいました。

「香月に、直接、事変を拡《ひろ》げないで早く終わらせるように伝えたかった。また中国にはさまざまな外国の利益《りえき》や損得権利《そんとくけんり》がからまっているから、このことでも十分、注意するように伝えたかったのだ」

宇佐美侍従武官長《うさみじじゅうぶかんちょう》は、天皇さまのご心配とご希望を伝える手紙を香月司令官に送ったのでした。

ところが支那事変は拡がりつづけました。昭和十三年七月四日、天皇さまは、陸軍大臣、参謀総長《さんぼうそうちょう》をお呼びになって、

「この戦争はいっときも早くやめなくちゃあならんと思うが、どうか」

とお話しなさいましたところ、大臣も総長も、

「蔣介石が倒れるまではやります」

と、天皇さまのお言葉を、つつしんで受けとめようとしませんでした。天皇さまはこのときもたいそうご心配のごようすでした。

やはり天皇さまのご心配のとおりのことがおこりました。天皇さまが許可されなかったにもかかわらず、ソ連と満州《まんしゅう》の国境《こっきょう》の張鼓峰《ちょうこほう》のあたりで、ソ連兵が国境をおかしたという

ことで、日本軍が攻撃しました。ソ連の反撃はものすごく、日本軍は大きな被害を受けました。天皇さまは、

「もとから陸軍のやり方はけしからん。満州事変の柳条湖《りゅうじょうこ》の場合といい、盧溝橋《ろこうきょう》のやり方といい、中央の命令はまったく聞かないで独断《どくだん》で、朕《ちん》（天皇さまご自身）の軍隊として決してあってはならない卑劣《ひれつ》な方法を用いることもたびたびである。まことにけしからん話である」

と、たしなめられ、陸軍大臣に、

「今後は、朕の命令なくして、一兵《いっぺい》でも動かすことはならん」

と、とても強く申されました。

ところが支那事変は、ドロ泥《ぬま》に足を入れたように、なかなかぬけられなくなりました。

九　戦争を避《さ》けるためのご努力の日々

昭和十一年秋、〃日独防共協定《にちどくぼうきょうてい》（日本とドイツが共産主義を防ぐとりきめ）〃がベルリン

で結ばれ、翌年秋、イタリアがこれに加《くわ》わりました。ドイツは、これをもっと強くしようと、昭和十三年になると、〝日独伊《い》軍事同盟《どうめい》〟を結ぼうと言ってきました。

海軍はこれに反対でしたが、陸軍は賛成でした。

ドイツとイタリアにいる日本大使を使って、すでにできあがり認《みと》められていることのように取りつくろいました。

アメリカ、イギリスとも仲よくしていこうと考えている、これまで功労のあった政治家や、財界《ざいかい》関係者は、これに軽がるしく賛成してはならないという考えでした。

ところが、ドイツ、イタリアにいる日本の大使は、日本陸軍の考えどおり、ドイツ、イタリアがイギリス、フランスと戦うときには日本もドイツ、イタリアに味方《みかた》すると、昭和十四年四月に両国に伝えました。

このとき、昭和天皇は板垣征四郎《いたがきせいしろう》陸軍大臣をお呼びになり、

「ドイツやイタリアにいる大使たちが、私と何の関係もなくイギリス、フランスと戦うときは日本も戦《いくさ》に加わる考えがあるなどと伝えたということだ。これは天皇の大権《たいけん》（明治憲法で決められた天皇の国家を治《おさ》める権利）を侵《おか》したものではないか。それを陸軍が応援《おうえん》す

るような態度《たいど》をとることは、まことに面白《おもしろ》くない」

と、お叱《しか》りになりました。

重《かさ》ねて侍従武官長畑俊六《じじゅうぶかんちょうはたしゅんろく》におっしゃいました。

「参謀総長《さんぼうそうちょう》が戦《いくさ》に加わる考えを申してきたが、それには絶対に反対だと言っておいた。参謀総長は、アメリカはイギリスに加担《かたん》しないと言っているが、それはどうだろうか。アメリカがイギリスと組むと石油など大事なものがわが国に入ってこないだろうし、ソ連に対する備《そな》えなどもできなくなってしまう」

いまから考えますと、昭和天皇さまが先を見とおされ、ご心配されたことが次つぎとほんとうのことになっていったのです。

昭和十四年一月にできた平沼騏一郎《ひらぬまきいちろう》内閣はすぐに三国《さんごく》軍事同盟に取り組まなければなりませんでした。みんな反対でした。それを板垣征四郎陸相ひとりにひきずりまわされる感じであったと申します。

ところが昭和十四年八月、とつぜん独ソ不可侵条約《ふかしんじょうやく》が結ばれたとのニュースが飛びこんできました。陸軍もヒットラーの裏切りにおどろきました。平沼内閣は八月に、欧州《おうしゅう》情勢は複雑怪奇《ふくざつかいき》（ややこしく怪《あや》しい！）と言って、やめてしまいました。

ところが陸軍はまた、平沼のあとの総理に近衛文麿《このえふみまろ》を推《お》す工作を始めたとかで、天皇さまは、「陸軍がまた政治活動をして困る」

とおおせになりましたとか。「とても申しわけないことだ」と『畑侍従武官長日記』に記《しる》されています。

阿部信行《あべのぶゆき》陸軍大将が首相になり、外務大臣になった野村吉三郎《のむらきちさぶろう》はアメリカの駐日《ちゅうにち》グルー大使と会って、アメリカ、イギリスとも仲よくするように努《つと》めていました。ちょうどそのとき、いきなりヒットラーのドイツ空軍はポーランドを爆撃《ばくげき》し、イギリス、フランス、オーストラリア、エジプトはドイツと戦争することになりました。昭和十四年九月三日のことです。第二次世界大戦のはじまりです。

欧州《おうしゅう》はたちまちドイツ、イタリアににぎられました。こうなると陸軍は、ヒットラーが前に裏切ったことも忘れ、また三国同盟を結ぼうとあせりました。そのころは、昭和十五年一月にできた海軍大将米内光政《よないみつまさ》内閣でした。

米内大将はもともと、「ヒットラーやムッソリーニの指《ゆび》一本で日本軍がおどらされるのは御免《ごめん》だ」と、三国同盟には反対で、このことをなかったことにしました。

天皇さまは、

「海軍がよくやってくれたおかげで、日本の国は救われた」

と、およろこびの言葉を米内にくださったと申します。

ところが陸軍は、米内内閣では三国軍事同盟を結ぶことはむずかしいと、陸軍大臣をやめさせました。当時の内閣は一蓮託生《いちれんたくしょう》（行動や運命をみながともにすること）でしたから、陸軍の計画どおりに米内内閣はやめさせられてしまいました。

昭和十五年七月、第二次近衛内閣《ないかく》ができて、東条英機《とうじょうひでき》陸相《りくしょう》、松岡洋右《ようすけ》外相《がいしょう》で、三国軍事同盟を結ぼうと乗りだしました。

当時、欧州ではドイツがパリを占領《せんりょう》、イギリスもあぶなくなっていました。

そのすきに日本陸軍は、政府が平和に事を進めようとするのを無視《むし》して、仏印《ふついん》、タイへの進出をくわだてました。この陸軍のやり方に対し昭和天皇は、

「わが国は歴史にあるフリードリッヒ大王やナポレオンのような行動、マキャベリズム（謀《はか》りごとをめぐらし人をだますこと）のようなことはしたくないね。神代《かみよ》からのご方針

である八紘一宇《はっこういちう》の真精神《しん》（地上の人すべてがそれぞれ所を得ながら、ひとつ屋根の下の大家族のように仲よく暮らそうという、神武《じんむ》天皇の建国のご精神のこと）を忘れないようにしたいものだね」

と申され、木戸幸一内大臣《きどこういちないだいじん》は恐《おそ》れいって引きさがったと日記に記しています。

陸相東条英機と外相松岡洋右は、ソ連と不可侵条約《ふかしんじょうやく》を結んでいるドイツと組むことで、米英への日本の立場を強めようと考えたといわれています。事は同盟《どうめい》を結ぶほうへと運ばれていきます。なぜ、当時の政治家や軍部の人々が天皇さまがこれほどくり返しおおせになっている〝平和に解決〟のお心とひとつになれなかったのかと思われてなりません。

「この条約は、非常に重大な条約で、このためアメリカは日本に対してすぐにも石油やくず鉄の輸出を停止するだろう。そうなったら、日本はどうなるか、こののち長い年月にわたって、たいへんな苦しみと暗黒《あんこく》のうちに置かれることになるかもしれない。その覚悟《かくご》がおまえたちにあるか」

と、天皇さまが憂《うれ》えられたとおりになっていくのですが、三国同盟は昭和十五年九月二十七日、ベルリンで結ばれてしまったのです。

紀元《きげん》二千六百年のお祝いの式は昭和十五年十一月十日、十一日に、全国から選ばれた五万四千八百人が宮城《きゅうじょう》二《に》重橋《じゅうばし》前広場に集まりおこなわれました。式をあげるについて下《くだ》された勅語《ちょくご》(天皇さまのおことば)の中で、天皇さまは、

「我《わ》カ《が》惟神《かむながら》ノ大道《たいどう》ヲ中外《ちゅうがい》ニ顕揚《けんよう》シ、以《もっ》テ人類ノ福祉ト万邦《ばんぽう》ノ協和トニ寄与《きよ》スルアランコトヲ期《き》セヨ」(わが国は天照大神《あまてらすおおみかみ》、神武《じんむ》天皇の三種神器《さんしゅのじんぎ》、神武建国の、地球上の人びとはすべて神のいのちによって繋《つな》がっているという、大和《だいわ》の国である。世界の人びとみんなが仲よく手をつないでともに栄えていこう、そのために世界の国ぐにみんなの福祉《ふくし》を考え、尽《つ》くすように心がけることを期待します)

と教えられました。

この式典のおり、アメリカのグルー大使が祝詞《しゅくし》を述べたときも、フランス大使アルセーヌ・アンリが述べたときも、天皇さまが大きくうなずかれるごようすが遠くまでわかるほどでありました。どれほど天皇さまは世界が仲よく平和でと希《ねが》われ、それを政府や軍指導者たちに理解させようとしておられたかがわかる、御《おん》うなずきでありました。

近衛《このえ》総理は天皇さまのお心を体《たい》して、アメリカとなんとか仲よくしてわが国の危機《きき》をなくそうと考えました。日独伊《にちどくい》軍事同盟が結ばれていますから、それはとても困難なことです。しかし昭和十五年の年末ごろから、努力は続けられました。

昭和十六年四月、ハル国務長官《こくむちょうかん》と野村吉三郎大使が話しあったとき、ハル長官は、「日本および日本の友人であるアメリカ人のつくった日米諒解案《りょうかいあん》（日本とアメリカがわかりあう考え）」を示しました。

日米諒解案とは、日本が中国から手をひけば、満州国を認めよう。日本に必要な資材《しざい》や石油、ゴム、錫《すず》、ニッケルなどを手にいれるのに平和的な方法であれば力になろう。三国同盟に加わった日本の立場も理解しよう。日本がかかげている八紘一宇《はっこういちう》も認めよう、というものでした。

外務次官がこのことを閣議《かくぎ》がおこなわれているとき総理に伝えました。みな、これで日本とアメリカは戦争をしなくてすむ、と思いました。

「アメリカと手をにぎり国力の充実をはかろう」と、全員がよろこんで日米諒解案を受けいれようとなっていました。

ところが、大橋外務次官は松岡外務大臣の考えを受けて、外務大臣が帰るまで待ってほしいと申します。危機を避《さ》けるためには急《いそ》がねばならぬ日本とアメリカの話しあいでありますのに、松岡は三国同盟のほうにばかり気をとられていました。おりから、独ソ戦争が六月に始まりました。松岡は「三国同盟を結んでいるのであるから、日本はソ連と戦うべきだ」と天皇さまに申しあげました。

「なるべく平和的に仲よくするように外交《がいこう》を先にやれ。外交と戦争準備を並行《へいこう》させてはいけない。まず外交で仲よくすることを心がけよ」と、武力による解決を好まれない天皇さまは、なんども近衛総理におおせになりました。

「松岡だけをやめさせるわけにはいかぬか」

アメリカとのあいだが、これ以上もつれては世界の平和どころか日本の運命にかかわるとご心配になられたのです。

昭和十六年七月、松岡のかわりに豊田貞次郎《とよだていじろう》海軍大将を外相に第三次近衛内閣は始まりました。しかし陸軍は日本とアメリカの交渉《こうしょう》には少しも熱心にならないで、戦争によってすべてが解決するかのような方向に向かっていました。

もちろん、相手国アメリカが中国の蔣介石《しょうかいせき》を助けるために、日本をこまらせて戦争を引きおこすように仕むけ日本の国力を弱らせようとしたことに、巧《たく》みにおどらされたことであったともいえるでしょう。多分《たぶん》に、強くなりすぎた日本の運命的《うんめいてき》な道であったとも考えられます。

しかし、当時の政治にたずさわった人びとや軍の上のほうの人たちが、天皇さまの、どこまでも世界中が仲よく平和に人類すべての幸せを、とのお考えをしっかり心にいれてその方向に力を合わせていれば、と考えてしまいます。

どれほどアメリカ側が示してきた条件がわが国にとってよくないような条件であっても、天皇さまのお心をよくよく考えて話しあっていれば、日本とアメリカの話しあいはできて、どれほどアメリカが仕むけてこようが大東亜《だいとうあ》戦争には発展していなかったかもしれないのです。

軍のきびしい検閲《けんえつ》のせいが多分にあっただろうけれど、当時の新聞を見るかぎり、日独伊三国同盟をほめたたえ、国民を戦争に向けて、鬼畜米英打倒《きちくべいえいだとう》などと、あおりにあおっていました。

このとき、天皇さまだけが、みじんも私《わたくし》ごころがおありでない、ただただ、国民の幸せ、国家の安全だけを希《ねが》われる澄《す》んだ冷静《れいせい》なお心でした。そのお心のままのお考えを真剣《しんけん》に述べられていたのです。

昭和十六年八月一日、アメリカは日本向けの航空機用ガソリン、石油の輸出《ゆしゅつ》をまったく止めてしまいました。たいへんな事態《じたい》に立ち至っていました。

昭和十六年九月六日といえば、米英に宣戦布告《せんせんふこく》の三か月前です。陸軍が出した「帝国国策遂行要領《ていこくこくさくすいこうようりょう》」が御前《ごぜん》会議で決まりますが、この案、

「一、帝国（日本）は自存自衛《じそんじえい》（自分の国を守り国民が生きていくこと）を全《まっと》うするため、対米《べい》（英蘭《えいらん》）戦争を辞《じ》せざる決意《けつい》のもとに、おおむね十月下旬を目途《めど》として戦争準備を完成す。

二、帝国は右に並行して米、英に対し外交の手段を尽《つ》くして帝国の要求貫徹《かんてつ》に努《つと》む。……」

をご覧《らん》になった天皇さまは、

「これを見ると、一に戦争準備を記し、二に外交交渉をかかげている。なんだか、戦争が主《しゅ》で外交が従《じゅう》であるような感じを受ける」

と、おおせられました。天皇さまはそのとき、陸軍の杉山参謀総長に、

「なるべく平和的に外交をやれ。外交と戦争準備は並行させずに外交を先行させよ」

「南方《なんぽう》作戦は予定どおりできると思うか」

とご質問され、総長は、マレー、フィリピンなどでの予定している作戦を申しあげたのに対して、天皇さまは、

「予定どおり進まぬことがあるだろう。五か月というが、そうはいかぬこともあるだろう。おまえが大臣のときに、蔣介石《しょうかいせき》はすぐ参《まい》るというたが、まだ降参《こうさん》させていないではないか」

と、おっしゃり戦争へ向かっていくことをくいとめようとのお考えがよくわかりました。

御前会議の席でも、

「私から、事が重大だから陸海軍の統帥《とうすい》部長に質問する。先刻《せんこく》、原枢相《はらすうしょう》がこんこんと述べたのに対し、両統帥部長は考えを述べなかったのは残念に思う。私は毎日、明治天皇の御製《ぎょせい》、『四方《よも》の海みなはらからと思ふ世に　など波風のたちさわぐらむ』を拝誦《はいしょう》しておるが、どう思うか」

と、おおせられました。なぜ、これほどまでの陛下の仲よくするように、平和にとのご希望を真剣に受けとめ、陸軍の出した原案《げんあん》を改《あらた》める方向に進ませなかったのだろうかと、

素朴《そぼく》な疑問が頭の中を行き来《き》してなりません。

東条陸相は支那からの兵を引きあげることに強く反対して、ついに近衛内閣は総辞職《そうじしょく》。昭和十六年十月、東条内閣が誕生します。

日米交渉は東条内閣によって続けられましたが、それはただ形だけにすぎないものに感じられました。新しく、おたがいに約束してほしいことを出しあいました。しかし、アメリカが新しく出してきたことすべてを受けいれることは、とても無理だと、野村、来栖《くるす》両大使は強く主張しましたが、ハル国務《こくむ》長官は一歩もゆずろうとしません。

アメリカ大統領は「両国の根本的な方針が一致《いっち》しないかぎり、交渉《こうしょう》は無効《むこう》だ（話しあいは何の役にもたたない）」と言い、同席《どうせき》していたハル長官は、「日本は仏印《ふついん》（フランス領インドシナ）に増兵《ぞうへい》して各国が兵力を動かしにくくしている。そのうえに三国同盟をふりかざしてアメリカに石油をほしいといっても、アメリカの世論は知ったことではないのだ」とまで付け加えました。

このアメリカが新しく出してきたハル・ノートを受け取った十一月二十七日、東条内閣は〝米国の果たし状（おたがいに死を覚悟《かくご》して戦うことを申しこむ手紙）〟として開戦に踏みきることに決めました。

十二月一日の最後の御前会議《ごぜんかいぎ》で、十二月八日に米英に宣戦布告《せんせんふこく》（相手の国に戦争を始めることを告《つ》げること）、と決まりました。

天皇さまは、なんとかしてアメリカと平和のうちに話しあいで事を解決するようにとのみ、東条首相にくり返しくり返しおおせになっていました。しかし日本の天皇さまが、内閣が決めたことをこばんだり変更する慣習《かんしゅう》は、大日本帝国憲法にはなかったのです。

東条内閣は、天皇さまがあくまで戦争だけは避《さ》けたいとお考えになっておられたことは、よくよく承知していながら開戦を決めたのです。

完全な責任は内閣にある制度であり、天皇さまは〝統治《とうち》すれども政治せず〟で、天皇さまは内閣において決定したことについては、かならずお許しになられるならわしができあがっていたのです。

終戦時の鈴木貫太郎《かんたろう》総理と開戦時の東条総理との違いは、終戦のときの鈴木総理は天皇さまのお心をなんとしても実現しなければと努力しました。が、開戦のときの東条内閣は天皇さまのお心ではなく、内閣の信じるところを実行したということです。

天皇さまは、戦って勝てるのか、勝つという見こみはたしかにあるのかとさまざまな点でたいへんご心配になられました。それでも開戦はやむをえないということになっても、あくまでも国と国のあいだの礼儀《れいぎ》を大切にされました。

天皇さまは、

「攻撃実施《こうげきじっし》の前にはかならず相手の国に通告《つうこく》するように」

と東条総理や陸海軍相になんども指示されました。日本の政府は十二月八日の真珠湾《しんじゅわん》攻撃直前に、アメリカ政府に対して最後通告の覚《おぼ》え書《が》きを渡すように、アメリカにいる日本大使に電報で命じていました。

ところが残念なことに、実際には電報の暗号《あんごう》を読みとくことなどに手間《てま》どり、最後通告は攻撃開始より一時間おくれてしまいました。それで、奇襲《きしゅう》（いきなり思いがけない襲いかた）したことになり世界から非難《ひなん》されることになりました。かえすがえすもこれは歴史的痛恨事《つうこんじ》（ひじょうに残念なこと）であります。

第四章

一　日本、米英に宣戦を告《つ》げる

昭和十二年七月七日、支那事変《しなじへん》はおこり、その後、一度も戦争は終わることもなく、ついにアメリカ・イギリスとの大東亜《だいとうあ》戦争へと突き進んでいったのでありました。

昭和天皇が開戦をお許しになられたことについて、侍従長《じじゅうちょう》の藤田尚徳《ふじたなおのり》さんが戦後、天皇さまに、

「陛下《へいか》はどうして鈴木内閣には御聖断《ごせいだん》をお下《くだ》しになられたのに、東条《とうじょう》内閣に開戦をお許しになったのですか」

ということをお伺《うかが》いしたことがあります。このとき、天皇さまは、

「具体的な政治の問題については、ぜんぶ内閣が責任をもってやるのであって、天皇はこれに口だししないのがもともとのきまりだと考えていた。〝天皇は統治《とうち》すれども政治せず〟である。だから東条内閣のときには内閣が閣議《かくぎ》で開戦を決定して自分の許しを求めてきたから、憲法《けんぽう》の手続きによって許したわけだ。鈴木内閣のばあいは、内閣が意見を求めてきたから、自分がここで意見を言っても、いずれの人間の公務権限《こうむけんげん》（おおやけの務《つと》めの権利）

もおかすことにはならない。だから自分は自分の意見を率直《そっちょく》に言ったのだ」

とお答えになっておられます。

昭和天皇は、東条内閣の開戦の決定に対しては、反対でいらっしゃいました。

開戦三か月前の九月の御前会議《ごぜんかいぎ》の途中で発言をお求めになり、明治天皇の御製《ぎょせい》「四方《よも》の海……」を二度くり返しご朗誦《ろうしょう》なされたのも、「戦争はするな」というお考えを明治天皇の御製に託《たく》してお伝えになられたのであります。

また、開戦のみことのりは、東条内閣でつくられたのですが、その、みことのりの案を天皇さまにご覧《らん》いただいたおり、天皇さまは、「米英両国ト釁端《きんたん》ヲ開クニ至ル洵《まこと》ニヤムヲ得《え》ザ《ざ》ルモノアリ」の次に「豈《あ》ニ朕《ちん》カ《が》志《こころざし》ナラムヤ」のおことばを入れるようにおおせられました。

「どうしてこれが私の望むところであろうか、私の望むことではない」

と、おおせられたのであります。

二　「戦争を早く終結させるように」

アメリカ、イギリスに宣戦布告《せんせんふこく》以来、はじめのうちは毎日のように華々《はなばな》しくラジオは、軍艦マーチにのせて勝利の結果を報じていました。

十二月八日の真珠湾《しんじゅわん》攻撃、マレー半島上陸、翌十七年一月、マニラ占領《せんりょう》、二月、ジャワ沖海戦、シンガポールを占領して昭南《しょうなん》と名を変えました。しかし、昭和天皇は早ばやと米英との戦いが始まって二月《ふたつき》しかたっていない二月十二日に、戦争を早く終わらせる努力を強く望まれました。

このようすを木戸幸一内大臣《きどこういちないだいじん》は日記に、

「戦争の終結については機会を失わないように。このことに関しては充分考えていることとは思うが人類平和のためにも、いたずらに戦争が長びいて惨害《さんがい》が広がっていくのはよくない。もちろん相手のあることだから、米英の出方、独ソの今後も見極《みきわ》めながら戦争を長びかせないようにせよ」

と陛下はおおせられたと書かれています。

また、重臣《じゅうしん》といわれる若槻礼次郎《わかつきれいじろう》男爵《だんしゃく》、近衛文麿《このえふみまろ》公爵《こうしゃく》、岡田啓介《おかだけいすけ》大将、米内光政《よないみつまさ》大将、平沼麒一郎《ひらぬまきいちろう》男爵、広田弘毅《ひろたこうき》氏らの集まりでも、

「この戦争は一刻《いっこく》も早く終わらせなければ」

と話が一致《いっち》し、その戦争終結《しゅうけつ》の第一は戦争を始めた東条内閣を退陣《たいじん》させることだと、昭和十八年の五月ごろからこのことが協議《きょうぎ》されていました。しかしいちばん強固《きょうこ》な陸軍を背景にしているので、たやすいことではありませんでしたが、一年後にそのチャンスは来ました。東条総理は重臣たちが自分に反対だと知り、内閣を改造《かいぞう》して重臣の何人かを内閣へ入れようとしたのです。そのために岸信介《きしのぶすけ》商工、内田信也《うちだのぶや》農林、重光葵《しげみつまもる》外務の各大臣に辞《じ》表《ひょう》を出すようにと東条総理は申しました。

それを知った岡田大将が岸氏に辞表を出さないようにと言いふくめ、それにより東条内閣を倒すきっかけができました。東条内閣は倒れ、これが日本が終戦に向かう第一歩となったのです。

そこで重臣たちは鈴木貫太郎《かんたろう》大将を総理にと奏請《そうせい》（天皇さまにお願いし許可をいただくこと）して終戦にこぎつけたいと考えました。しかしなかなかその段どりにならず、よう

やく、昭和二十年四月に鈴木貫太郎内閣ができたのです。
鈴木大将は当時七十九歳でありました。「『軍人は政治にかかわってはいけない』との明治天皇のお言葉そのままを生きてきた私であります。耳も遠いので」と、かたくお断《ことわ》り申しあげました。しかし昭和天皇は、「ほかにひとはいない」「頼むからまげて承知してもらいたい」とおおせられました。天皇さまが、命じるのではなく、「頼む」とおおせられたのです。老大将は深々と頭をさげて、お受けしたのでありました。かつて侍従長《じじゅうちょう》としてこのうえなく誠実に仕《つか》えた鈴木貫太郎であり、その妻は、陛下がまだ幼い迪宮《みちのみや》でいらしたころに、母のように慕《した》われた足立《あだち》たかでありました。昭和天皇は、鈴木であればかならず自分の気持ちがわかり戦《いくさ》を止める方向に努力してくれるであろうと、少しご安心されたのではなかったでしょうか。
連峰雲（昭和十七年）
峰《みね》つづき　おほふむら雲　ふく風の　はやくはらへと　ただいのるなり
暗く重く低く全世界にたれこめている戦《いくさ》をはらんだ雲を、どうか吹く風よ早く早くはらってくださいと、ただただ、ひたすらにお祈りくださいます天皇さま。その天に向かってて切々《せつせつ》とお祈りになられる尊くも悲しい孤高《ここう》（ぬけ出て気高《けだか》いこと）のお姿をこの御製《ぎょせい》から拝するのです。

三　遠い苦難《くなん》の道

戦《いくさ》の始まったころだけは華々《はなばな》しかったのですが、長期戦への備えができていなかったのです。

昭和十八年四月には山本五十六《いそろく》連合艦隊《れんごうかんたい》司令長官が戦死、戦争のゆくてに暗いかげを投げかけました。

五月末にはアッツ島の守備隊全員が玉砕《ぎょくさい》。玉砕とは言葉が美しいだけに、全員が死んでしまったことだと知ると国民は言い知れぬ悲しみと不安に襲《おそ》われたものでした。

国の中でも食糧《しょくりょう》の配給《はいきゅう》は米以外の大豆《だいず》かすとか、とうもろこし粉はまだよいほうで、配給はおくれがちになっていました。

二十歳から四十歳までの未婚《みこん》女性は国家総動員法《こっかそうどういんほう》で女子挺身隊員《ていしんたいいん》として飛行機などを造《つく》

る工場に働きにいかねばなりませんでした。

男子大学生には在学中、兵隊に行くのを延期する制度がありましたが、文科系学生はその制度が止められ、約十万人の学徒《がくと》たちが昭和十八年十月、ペンをおき陸海軍に入隊しました。これが〝学徒出陣《しゅつじん》〟です。日本はこれまでに味わったことのないたいへんなときで、国家のやむをえない非常の措置《そち》でした。学生たちは雄々《おお》しく国難《こくなん》におもむいたのです。

その学徒兵の飛行訓練《ひこうくんれん》を受けた人びとのなかから神風《かみかぜ》特別攻撃隊が組まれました。

昭和十九年十月二十五日、海軍「敷島隊《しきしま》」によりフィリピン・レイテ沖で決行されたのが始まりでした。爆弾をつけた飛行機もろとも敵艦《てきかん》に体当《たいあ》たり攻撃をして散華《さんげ》されるのです。

昭和天皇はこのことをお聞きになり、「そのようにまでしなければならなかったのか！」と、しばらくお言葉がとぎれ、「しかしよくやった」とおおせになりました。

それ以後、連日のように特攻機《とっこうき》はあちこちの基地から飛びたち、祖国を守ろうと若者たちが尊《とおと》い生命《いのち》をささげたのです。

当時、各国は新兵器（原子爆弾）の開発に夢中《むちゅう》で取り組んでいました。わが国でも完成すれば戦《いくさ》のゆくえは逆転するということで、東条総理がその計画の進みぐあいとともに、完成すればまずハワイに落として、その威力を示したいと昭和天皇に申しあげました。

天皇さまはたいへんきびしく反対されました。

「数か国が新兵器開発を競っているということだが、日本が最初に完成させて使えば、他の国も全力をあげて完成させて使うだろう。そうなれば全人類を滅亡《めつぼう》させることになる。それでは日本が人類を滅《ほろ》ぼす悪の大元《おおもと》になるではないか。またハワイに落とす計画だというが、ハワイには日本の同胞《どうほう》がおおぜい移住して、現地アメリカの人びととともに苦労して今日《こんにち》を築いているところだ。そのようなところに新兵器を使うなど賛成《さんせい》できない」

とおおせられました。

ここで一度、原子爆弾をつくることはあきらめますが、わが国はどんどん負けていきます。小磯国昭《こいそくにあき》内閣の杉山陸軍大臣は、また秘密で新兵器開発を急がせていたというのです。ところが新兵器を積むロケット燃料製造のところであやまって爆発。天皇さまに、「まだやっていたのか」と強くお叱《しか》りを受け、日本は新兵器開発をそれ以上進めることはしませんでした。

昭和十九年三月にはニューギニア戦線で負けてしまいます。六月十九日、マリアナ沖の海戦でわが空母《くうぼ》のほとんどを失います。七月にはサイパン島の日本軍が全員玉砕《ぎょくさい》します。西太平洋の海も空も完全にアメリカ軍のものとなりました。八月にはいるとテニヤン守《しゅ》備隊《びたい》、グアム守備隊の玉砕が報じられました。「海ゆかば水漬くかばね、山ゆかば草むすかばね」のなんとも物悲しい調《しら》べが流れ、玉砕が報じられるごとに国民は暗い気持ちになり、これではいけないと思い直したものでした。

昭和二十年にはいると、航空機用のアルミニウムもなくなり、その前から貴金属《ききんぞく》や鉄などが回収《かいしゅう》されていたのに加えて軍事用に鍋《なべ》ややかんまで集めることになりました。天皇さまは、「家庭で日常使うものまで取りたてないように」とご注意になりました。

沖縄《おきなわ》をめざすアメリカ軍は昭和十九年十月には沖縄に連日猛爆撃を加え沖縄を孤立《こりつ》させていました。

昭和二十年三月二十五日、アメリカ軍は慶良間《けらま》列島に、四月一日には西岸嘉手納《せいがんかでな》に上陸、ついに沖縄全域が戦場になり全島焼け野原、山も姿を変えるなかで島民もこの世の生き地《じ》獄《ごく》のむごい数十日の戦いでした。

日本本土へのB29の爆撃も激《はげ》しさを増していました。三月十日にはB29、百三十機が夜、東京にあたりかまわず爆撃を加えました。のちの調べでは二十三万戸の家が焼かれ、死傷《ししょう》者《しゃ》は十二万、焼け出された人びとは百余万人と、まさに東京もこの世の地獄としかいいようがありませんでした。三月十二日は名古屋、十四日は大阪、十七日には神戸と大空襲《だいくうしゅう》はひっきりなしに襲《おそ》ってきました。

天皇さまは三月十八日、いちばん被害の激しいといわれた東京の江東《こうとう》区に、まだ多くの焼死者の亡きがらがそのままになっている、むごいありさまをご覧《らん》になられ、焼けだされ呆然《ぼうぜん》としている人びとを慰《なぐさ》めてお歩きになられました。

戦局《せんきょく》が深刻《しんこく》になってきた昭和十九年七月ごろ、軍部が天皇さまに地方の安全と思われるところへお移りいただきたいとお願いしました。天皇さまは、

「私がここから他へ移ったりすれば国民に不安を抱《いだ》かせ、負けるのではないかと思わせる」

と、申されました。それに陸軍はひそかに長野《ながの》県の松代《まつしろ》に、〝新大本営《だいほんえい》〟を地下にこしらえました。そのような工事が天皇さまの許可を得ないで進められていたことを昭和二十年の四月にお知りになり、勝手なことをする軍部に、きっぱりとおおせられました。

「私は国民とともに、ここで苦楽《くらく》を分けあう」

明治天皇と国民の祈りによりご造営《ぞうえい》され、明治、大正、昭和と天皇さまがお住まいになられた宮殿《きゅうでん》は、五月二十六日、空襲警報《くうしゅうけいほう》が解除《かいじょ》したあとで飛火《とびひ》によって焼失してしまったのでした。

それ以後、天皇さまは昭和三十六年末に吹上御所《ふきあげごしょ》へお移りになられるまで十七年間、防空壕《ぼうくうごう》として造《つく》られた御文庫《おぶんこ》でお過ごしになられたのです。国の経済がよくなり国民が豊かになることが先だと、皇居をお造りすることをお許しになりませんでした。

昭和天皇は、開戦早々《そうそう》の華々《はなばな》しい戦果《せんか》に軍部も国民も酔《よ》っているときも、一刻も早く戦《いくさ》をやめさせることだけをお考えであったと言って、言いすぎではありません。勝利をよろこぶ旗行列《ぎょうれつ》や提灯《ちょうちん》行列の波をながめられながらも、その華やぎの底に、どれほど多くの若者の命が異郷《いきょう》に散っていったことかと、おつらく思われたにちがいありません。どれほど多くの親や子や妻が、かけがえのない子を父を夫を失い悲しみに暮れているかを思いやられるのでありました。そして何度も何度も戦争を終わらせる機会をお考えになられていました。

第五章

一　昭和二十年六月戦争終結についてのご発言

昭和二十年、大東亜《だいとうあ》戦争が終わりを告《つ》げる年の、御歌会始《おうたかいはじ》めの御製《ぎょせい》は、

社頭寒梅《かんばい》

　風さむき　霜夜《しもよ》の月に　世をいのる　ひろまへきよく　梅かをるなり

天上《てんじょう》に月は皓々《こうこう》と冴《さ》えわたり身を切るように冷たい霜《しも》の夜、寒梅《かんばい》の香《か》がただようなか、月に祈られる天皇さまの尊《とうと》いお姿。戦争が一日も早く終わり、すべてが清らかな世界で、世に平安がもどることを一点の私《わたくし》ごころなくお祈りくださるお姿。まさにこの世とは思われない気高《けだか》い一幅《いっぷく》の祈りの絵を拝《はい》する思いの御製です。

この昭和二十年六月八日に木戸内大臣《きどないだいじん》は天皇さまに、ソ連に戦争を終わらせる仲だちを頼んでは、と申しあげました。天皇さまからは、

「できるだけ早く取りかかるように」

とのお言葉をいただいたのです。そして、二十二日には、首相、陸海相《りっかいしょう》、外相、陸海軍の総長《そうちょう》を御文庫《おぶんこ》の防空壕《ぼうくうごう》に集めて、

「戦争を終わらせることについては、これまでの考え方にとらわれないで、早く実現に努力するように」

と、おおせられました。

その翌日、ついに沖縄全島が敵軍に占領《せんりょう》されてしまったのです。

鈴木貫太郎《かんたろう》総理大臣は、

「陛下《へいか》が一日も早く戦争を終わらせるようにとおおせられた。私の力が足りなくて戦争を終わらせることができず、とうとう陛下のお言葉を拝《はい》してしまったことは、まことに畏《おそ》れ多いことだ、申しわけないことだ」

と申しておりました。

また七月も終わり近くに天皇さまは木戸内大臣に、

「軍は、本土決戦をする。この一大決戦で勝てるようなことを言っている。しかしいままでのことを考えると信じられない。敵はおそらく空挺《くうてい》部隊（地上の部隊が航空機を使って敵の重要なところに乗りこんでいく）を国のあちこちにおろすだろう。そうなれば大本営《だいほんえい》（戦争中に陸海軍をまとめるために天皇の下に置かれたもの）が捕虜《ほりょ》になってしまうことだって、架空《かくう》のこととはいえない。いろいろと考えたときに困難《こんなん》をしのんで一刻《いっこく》も早く和を考え仲なおりすることを急がねば」

とも、おおせられていました。

二　ポツダム宣言《せんげん》と原爆投下《げんばくとうか》

アメリカ、イギリス、中国が昭和二十年七月二十六日に共同で日本に申しいれてきたものを〝ポツダム宣言〟と言います。わかりやすく宣言を書きますと、次のようになります。

○日本国が戦争をする力が完全になくなった証拠《しょうこ》があるまで、連合軍《れんごうぐん》が日本を占領《せんりょう》する。

○日本の国の主権《しゅけん》は、本州、北海道、九州、四国、われらが決めた諸小島に限られる。

○日本の軍隊は完全に武装解除《ぶそうかいじょ》されたのち、それぞれ家に帰す。

○われらは日本人を民族として奴隷化《どれいか》しようとか、滅《ほろ》ぼしてしまおうと考えていないが、われらの俘虜《ふりょ》を虐待《ぎゃくたい》した者などをふくめて、戦争犯罪人《せんそうはんざいにん》はきびしく処罰《しょばつ》する。

○日本の政府は、民主主義をひろめ、言論、宗教、思想の自由、人権を尊重させる。

○日本は経済をさかんにして、実物賠償《ばいしょう》のとりたてを可能にせよ。
○ただし、日本が戦争のための再軍備《さいぐんび》をするような産業はダメだ。
○前記のことができて、日本が平和的になり、責任のある政府ができたときには、占領軍は引きあげる。
○日本国の政府が、ただちに全日本国軍隊の無条件降伏《むじょうけんこうふく》を宣言し、誠意をもってこれを示すように。
以上を日本政府に要求する。

右以外の道を、日本国の政府が選んだならば、ただちに日本を完全に壊滅《かいめつ》（こわしほろぼす）させてしまうぞ。

ポツダム宣言とは、以上のように頭ごなしに強くおさえつけるようなものでした。

東郷《とうごう》外務大臣は、

「このポツダム宣言を日本政府が受けいれても、日本国は滅びることはない。国家として無条件降伏をしろと言っているのではない。軍隊は無条件降伏だと言っている。一日も早くこれを受けいれることが、天皇陛下のお心に沿《そ》うことになると思います」

と申しました。

ところが、陸軍は大反対します。それではしばらくようすを見ようと、返事をのばしていました。

そこへ八月六日、広島へ原子爆弾が落とされたのです。

政府では、広島に落とされた新型爆弾が原子爆弾かどうか論議し、ようやく八日になって原子爆弾だということになりました。

鈴木総理大臣は九日の閣議《かくぎ》で、

「相手はついに原子爆弾を使った。原子爆弾を持っている国と持たない国とでは戦争は成り立たない。戦争終結《しゅうけつ》を閣議《かくぎ》の議題として取りあげなければならないときが来た」

と話しましたが、陸軍大臣はこれに、どこまでも反対しました。閣議はいつまでたってもまとまりません。

鈴木総理は迫水久常《さこみずひさつね》書記官長に、

「こんなときはどうすればよいのか」

と、たずねました。迫水書記官長は、

「閣議がひとつにまとまらぬときは、内閣総辞職《そうじしょく》が慣例《かんれい》ですが、総理はどうされますか」

「いや、戦《いくさ》を終わらせるところまでは自分の手でやらなければと思っている」

「では、陛下《へいか》のご聖断《せいだん》を拝《はい》するほか道はないと思います」

と書記官長が申しました。鈴木総理は大きくうなずきました。

総理は十二年間、侍従長《じじゅうちょう》として陛下のおそばにお仕《つか》えしておりました。天皇さまは誠《まこと》の人である鈴木総理を誰よりも信頼しておられました。総理はさっそく参内《さんだい》(皇居にまいる)して、天皇さまに、戦を終わらせたい旨《むね》を大臣たちにおおせくださいますようにとお願いしました。

八月九日、ソ連は日ソ中立条約の約束を勝手に破り、北満《ほくまん》、朝鮮《ちょうせん》北部、樺太《からふと》に攻めいってきました。

第六章

一　終戦のご聖断《せいだん》

昭和二十年八月九日夜から翌十日の朝がたまで、ポツダム宣言受諾《せんげんじゅだく》をめぐる御前《ごぜん》会議が宮中《きゅうちゅう》の防空壕《ぼうくうごう》の中、地下十メートルの一室で開かれました。

総理、外務、陸軍、海軍の四大臣、陸軍参謀《さんぼう》総長、海軍軍令部《ぐんれいぶ》総長、平沼枢密院《ひらぬますうみついん》議長の七名に、書記官長、陸海軍の軍務局長、内閣総合計画局長官の四名、計十一名で天皇さまのお出ましをおむかえしました。

重い足どりでおはいりになり席におつきになりました。まず、迫水《さこみず》書記官長がポツダム宣言を読みました。

外務大臣が、宣言を受けいれて戦争を終わらせるべきときだと、強く言いました。

次に阿南《あなみ》陸軍大臣が、涙ながらにこれまでの負《ま》け戦《いくさ》のお詫《わ》びをしました。しかし、これからも、必勝《ひっしょう》とはいかぬまでも完全に負けるとは決まっていない。本土決戦となれば、地の利と人の和がある。万一のときは一億が玉砕《ぎょくさい》して民族の名を歴史にとどめればよい。だから自分はポツダム宣言を受けいれることには反対だと述べました。

米内海軍大臣は、外務大臣の考えに賛成だと、一言《ひとこと》だけ申しました。

平沼枢密院議長は出席している大臣や総長に質問したあとで、外務大臣の考えに同じだと述べました。

参謀総長と軍令部総長は陸軍大臣の考えの方向でありました。

みなが自分の考えを述べる約二時間半、天皇さまはまたたきもお忘れになったように、ひとりひとりの顔を見つめられながら、お聞きになっておられました。その、お目はひとりひとりの心を見すかしてしまうようでありましたが、深い悲しみを湛《たた》えられているように拝《はい》せられました。

鈴木総理は立ちあがりました。

「出席者一同はみな、考えを申しのべましたが、みなの考えはまとまりませぬ。しかし一刻《いっこく》も延ばすことはできぬところまで来ております。まことに畏《おそ》れ多いことでございますが、ここに天皇陛下の御思召《おんおぼしめ》しをおうかがいして、私どもの考えをまとめたいと思います」

と申しのべました。鈴木総理は落ちついた足どりで陛下の御前《ごぜん》に進みました。

天皇さまは、総理に自分の席にもどるようにおおせられました。総理はすでに耳が遠く、よく聞こえませんので耳のうしろに手をあてて聞きなおしました。このときのことを迫水書記官長は、〝聖《せい》天子の前に八十の老宰相《さいしょう》、君民一如《くんみんいちにょ》、のなんともうるわしい情景でありました〟と記《しる》しております。

天皇さまはお体を乗りだされて、

「それならば自分の考えを言おう。自分の考えは外務大臣と同じである」

とおおせられました。

一瞬《いっしゅん》、時が止まった静けさのなかに、みなの前に置いた書類の上に、はらはらと涙が落ちる音が聞こえ、それは、すすり泣きに変わり、号泣《ごうきゅう》に変わりました。

天皇さまもお泣きになりました。

「念《ねん》のために、そのわけを申しておく。大東亜《だいとうあ》戦争が始まって以来、陸軍海軍がしてきたことを見ていると、予定と結果の開きがあまりにも大きいばあいが多い。

現在、陸軍は大臣、総長が申したように本土決戦をすると、その準備をしている。勝つ自信があると言っているが、私はその点が不安である。

先日、参謀総長から九十九里浜《くじゅうくりはま》の防備《ぼうび》の話を聞いた。その後、侍従武官《じじゅうぶかん》が実際に見てきた。総長の話とは非常に違っている。防備はほとんどできていないようだ。また、先日、編制を終わったと参謀総長が申したある師団《しだん》では、兵士に銃剣《じゅうけん》さえゆきわたっていないありさまであることがわかった。

こんなことで本土決戦になったらどうなるのだろう。とても心配だ。

日本民族はみな、死んでしまうことになるかもしれない。そうなれば、この日本という国を子孫《しそん》に伝えることができるか。私の務《つと》めは祖先から受けついだ、この日本の国を子孫に伝えることである。いまとなっては、ひとりでも多くの国民に生き残ってもらいたい。その人たちがこの国を子孫に伝えてくれる以外に道はない。

また、このまま戦《いくさ》を続けることは、世界の人類にとっても不幸なことだ。私は明治天皇の三国干渉《さんごくかんしょう》のときのお心を考えた。自分のことはどうなってもかまわない。堪《た》えがたきこと忍《しの》びがたきことであるが、戦争をやめる決心をしたしだいである」

天皇さまのお言葉は、なみいる人びとのむせび泣きのなかで、とぎれとぎれにうかがいましたと、迫水書記官長は『最後の御前会議』の中に記しています。

天皇さまのお言葉はさらに続きました。

「国民はよく今日まで耐《た》えしのんで戦ってくれた。将兵《しょうへい》は実に勇敢《ゆうかん》によく戦ってくれた。いのちを捧《ささ》げてくれた戦死者のこと、非命（思いがけない災難で死ぬこと）に倒れた人のことを思うとき、どれほど感謝してもしきれない。一家の柱である父を夫を失った遺族《いぞく》の心中《しんちゅう》を思うと身が引き裂《さ》かれるようだ。戦傷者《せんしょうしゃ》には苦難《くなん》の道が続くだろう。まだ外地《がいち》に取り残された人びとも、なんとか無事《ぶじ》、帰国できるようにしなければならぬ。戦災《せんさい》の痛手《いたで》を受けた人たちも、どうか早く立ち直ってほしいと祈るばかりである。耐えがたいことではあるが、どうか私の考えをわかってほしい」

なみいる人びとは天皇さまの深く広いご仁慈《じんじ》に満ちたお言葉に、また涙にむせぶのでありました。

二　最後の御前《ごぜん》会議

天皇さまのお考えにしたがい、ポツダム宣言を受けいれ、戦争を終わらせることになりました。ただ、天皇陛下をいただく国がらは変わらないと理解して宣言を受けいれると、中立国《ちゅうりつこく》を通じて連合国に返事をしました。

昭和二十年八月十二日の朝早く、海外放送でアメリカ国務《こくむ》長官バーンズの名で、米・英・中・ソの四か国の回答が伝わってきました。それは、

〝天皇の地位は、連合軍司令官のもとに置かれる。日本政府のかたちは、ポツダム宣言にしたがい、国民の意思により決められる〟ということです。これで、天皇制の国がらを守れるだろうかが、御前《ごぜん》会議に出席した人びとの心配でありました。

参謀総長《さんぼうそうちょう》と軍令部《ぐんれいぶ》総長は政府と関係なく、天皇さまにお目にかかり、

「このような条件で和平をすると、わが国は属国《ぞっこく》になってしまいます。外地にいる部隊はどうしたらよいのか、国家は内からくずれてしまいますから、断じてポツダム宣言を受けることは反対です。もう一度、お考えください」

とお願いしました。

正式に来た返事でも、はっきりしません。軍部はこれがはっきりしない以上は、本土を戦場にして戦うべきだと言いはりました。

天皇さまのお考えは少しも変わられませんでした。

「それでよいではないか。たとえ連合軍が天皇が治《おさ》めることを認めてきても、国民の心が離れたのではしようがない。国民の自由意思によって決めてもらって、少しもかまわない」とおおせられ、それをうかがった木戸内大臣《きどないだいじん》は、こんなときでもまことに君と民とがひとつの国、国民は天皇さまをお慕《した》いし、天皇さまは国民のことだけ思ってくださると、ありがたく思いました。

天皇さまは皇族《こうぞく》、重臣《じゅうしん》たちを次つぎお召《め》しになり、お考えをおおせられ、おさとしになりました。このおり、東条大将は、もういちどお考え直しをと、願ったと申します。

正式回答があるまでは公表できません。そのあいだにも東京市中のあちこちで建物の強制疎開《そかい》ということで、焼け残った家がどんどん引き倒されていました。

ようやく正式回答は八月十三日に来ましたが、あとで聞いたところによると、連合国のなかで意見が分かれたため、つまりソ連、イギリス、中国は天皇制の廃止《はいし》を言いはったからでした。アメリカだけは、前の在日大使グルーなど知日派《ちにちは》の人びと（日本をよく知り親《した》しみをもった人びと）の働きで、このような回答になったそうです。

ところが、もう一度、連合軍に天皇制の問題について確《たし》かめるようにと、陸軍などの人びとが承知《しょうち》しません。それをしていては交渉《こうしょう》の糸が切れてしまいます。

わが国の国がらとは、歴代《れきだい》天皇のお心持ちはつねに国民の心をもってお心とされる。国民の幸せのみを願ってくださっています。わが国では、国民と天皇さまとは対立する二つのものではない。二つでありながら二つでなくひとつであると申して、考えをまとめようとしましたが、まとまりません。

いたし方なく鈴木総理は、もう一度、天皇さまのお力におすがりすることになりました。

鈴木総理は八月十四日、朝早く天皇さまにお目にかかり、願われました。

「まことに畏《おそ》れ多いことでありますが、陛下《へいか》から十六人の大臣、枢密院《すうみついん》議長、陸海軍総長のお召《め》しをお願い申しあげます」

十時に一同はお召しにより、先日御前《ごぜん》会議が開かれた部屋に集まりました。

総理から、これまでの経過が説明されました。陸軍大臣、参謀・軍令部総長らが、やはりこのまま戦争を続けるべきだと涙ながらに申しました。

「ほかに申しのべる者がいないのであれば、私が考えを言おう。私の考えは先日申したとおりで変わっていない。相手方の回答もあれで満足してよいと思う」

とおせられました。みな、また、こらえきれずに号泣《ごうきゅう》しました。

「玉砕《ぎょくさい》して国に殉《じゅん》じようとする国民の気持ちはよくわかる。しかし、ここで戦争をやめる以外に、わが国が生き残る道はないのだ」

と、天皇さまは懇々《こんこん》とおさとしになられました。将兵《しょうへい》の身の上を思い、戦死した人びとに御思《おんおも》いをはせられ、遺族《いぞく》、傷ついた人びとに、また国民すべてにご仁愛《じんあい》のお言葉をおおせられながら、御頬《おんほお》をなんどもぬぐわれました。椅子《いす》からおりて床にひざまずいて泣いている者もいました。天皇さまはしばらくあって、

「これから日本は再建しなければならない。とても難《むずか》しいことであり、時間もかかるだろう。しかし、国民がみなひとつの家の者の気持ちになって努力すれば必ずできる。私も国民とともに努力する」

とおおせられました。

「国民には、ラジオを通して私がみずからさとしてもよい」

とも、おおせられ、

「内閣はすみやかに終戦に関する詔勅《しょうちょく》の草案《そうあん》（下書き）を作るように」

と総理に命じられました。

三　昭和二十年八月十五日

八月十四日の夜、天皇さまは表拝謁《おもてはいえつ》の間《ま》で「大東亜《だいとうあ》戦争終結《しゅうけつ》の詔書《しょうしょ》」の録音《ろくおん》をされました。第一回目はお言葉が聞きとりにくかったりしたので、二回録音され、それはNHKの録音盤《ろくおんばん》に収《おさ》められました。むずかしい言葉が詔書には多いのですが、終戦の詔書はそのなかでもやさしく記《しる》されています。

戦後の日本国民がせめて八月十五日に拝読《はいどく》し、当時の昭和天皇さまをはじめ国民の苦しみを忍《しの》び感謝の思いを新《あら》たにすることが大切です。

また、民族によっては恨《うら》み憎《にく》しみの思いは絶対に忘れない。墓《はか》を掘りおこして屍《しかばね》に鞭《むち》を加えねば気がすまない人びともいるそうです。しかし天皇さまのお言葉のなかには、恨みを忘れないで復讐《ふくしゅう》をしようなどとのお考えはみじんもありません。

はかりしれないほど広く深いご仁慈《じんじ》のお心は、日本の国民だけではなく世界の人、人類すべての平和、幸せを希《ねが》っておられます。

また将来《しょうらい》、日本が国際社会の一員として、世界平和をうちたてるために力を尽《つ》くすように、新しい日本が正しく薫《かお》り高い文化国家を再建《さいけん》することを希《ねが》われたのでありました。

大東亜戦争終結の詔書（昭和二十年八月十四日）

朕《ちん》、深《ふか》ク世界ノ大勢《たいせい》ト帝国ノ現状《げんじょう》トニ鑑《かんが》ミ、非常《ひじょう》ノ措置《そち》ヲ以《もっ》テ時局《じきょく》ヲ収拾《しゅうしゅう》セムト欲《ほっ》シ、茲《ここ》ニ忠良《ちゅうりょう》ナル爾臣民《なんじしんみん》ニ告《つ》グ。

朕ハ帝国政府ヲシテ、米英支蘇《べいえいしそ》四国ニ対《たい》シ、其ノ共同宣言ヲ受諾《じゅだく》スル旨《むね》通告セシメタリ。

抑々《そもそも》帝国臣民ノ康寧《こうねい》ヲ図《はか》リ、万邦《ばんぽう》共栄ノ楽《たのしみ》ヲ偕《とも》ニスルハ、皇祖皇宗《こうそこうそう》ノ遺範《いはん》ニシテ、朕ノ拳々《けんけん》措《お》カザル所、曩《さき》ニ米英二国ニ宣戦セル所以《ゆえん》モ亦《また》、実《じつ》ニ帝国ノ自存《じそん》ト東亜《とうあ》ノ安定トヲ庶《しょ》幾《き》スルニ出デ、他国ノ主権ヲ排《はい》シ領土ヲ侵《おか》スガ如《ごと》キハ、固《もと》ヨリ朕《ちん》ガ志《こころざし》ニアラズ。然《しか》ルニ交《こう》戦已《せんすで》ニ四歳《しさい》ヲ閲《けみ》シ、朕ガ陸海将兵ノ勇戦、朕ガ百僚有司《ひゃくりょうゆうし》ノ励精《れいせい》、朕ガ一億衆庶《いちおくしゅうしょ》ノ奉公《ほうこう》、各々《おのおの》最善ヲ尽《つく》セルニ拘《かかわ》ラズ、戦局必《せんきょくかなら》ズシモ好転セズ、世界ノ大勢亦我《またわれ》ニ利アラズ。加之《しかのみならず》、敵《てき》ハ新《あらた》ニ残虐《ざんぎゃく》ナル爆弾ヲ使用シテ頻《しきり》ニ無辜《むこ》ヲ殺傷シ、惨害《さんがい》ノ及《およ》ブ所真《まこと》ニ測《はか》ルベカラザルニ至《いた》ル。而《しか》モ尚《なお》交戦ヲ継続センカ、終《つい》ニ我《わ》ガ民族ノ滅亡ヲ招来《しょうらい》スルノミナラズ、延《ひい》テ人類ノ文明ヲモ破却《はきゃく》スベシ。斯《か》クノ如《ごと》クハ、朕何《なに》ヲ以《もっ》テカ億兆《おくちょう》ノ赤子《せきし》ヲ保《ほ》シ、皇祖皇宗《こうそこうそう》ノ神霊《しんれい》ニ謝《しゃ》センヤ。是《こ》レ朕ガ帝国政府ヲシテ、共同宣言ニ応《おう》セシムルニ至レル所以《ゆえん》ナリ。

朕ハ帝国ト共ニ終始東亜ノ解放ニ協力セル諸盟邦《めいほう》ニ対シ、遺憾《いかん》ノ意ヲ表《ひょう》セザルヲ得《え》ズ。帝国臣民ニシテ、戦陣《せんじん》ニ死シ、職域《しょくいき》ニ殉《じゅん》ジ、非命《ひめい》ニ斃《たお》レタル者及其《ものおよびそ》ノ遺族ニ想《おもい》ヲ致《いた》セバ、五内為《ごだいため》ニ裂《さ》ク。且戦傷《かつせんしょう》ヲ負《お》イ、災禍《さいか》ヲ蒙《こうむ》リ、家業ヲ失《うしな》イタル者ノ厚生《こうせい》ニ至リテハ、朕ノ深ク軫念《しんねん》スル所ナリ。惟《おも》ウニ今後帝国ノ受クベキ苦難ハ、固《もと》ヨリ尋常《じんじょう》ニアラズ。爾《なんじ》臣民ノ衷《ちゅう》情《じょう》モ朕善《よ》ク之《これ》ヲ知《し》ル。然《しか》レドモ朕ハ時運《じうん》ノ趨《おもむ》ク所、堪《た》エ難《がた》キヲ堪エ忍《しの》ビ難キヲ忍ビ、以《もっ》テ万世《ばんせい》ノ為《ため》ニ太平《たいへい》ヲ開《ひら》カント欲ス。

朕ハ茲《ここ》ニ国体ヲ護持《ごじ》シ得テ、忠良《ちゅうりょう》ナル爾《なんじ》臣民ノ赤誠《せきせい》ニ信倚《しんい》シ、常ニ爾臣民ト共ニ在《あ》リ。若《も》シ夫《そ》レ情《じょう》ノ激《げき》スル所濫《みだり》ニ事端《じたん》ヲ滋《しげ》クシ、或《あるい》ハ同胞排擠《どうほうはいせい》互《たがい》ニ時局《じきょく》ヲ乱《みだ》リ、為《ため》ニ大道《たいどう》ヲ誤《あやま》リ信義ヲ世界ニ失ウガ如キハ、朕最《もっと》モ之《これ》ヲ戒《いまし》ム。宜《よろ》シク挙国一家《きょこくいっか》、子孫相伝《あいつた》エ、確《かた》ク神州《しんしゅう》ノ不滅《ふめつ》ヲ信ジ、任重《にんおも》クシテ道遠キヲ念《おも》イ、総力ヲ将来ノ建設ニ傾《かたむ》ケ、道義《どうぎ》ヲ篤《あつ》クシ志操《しそう》ヲ鞏《かた》クシ、誓《ちかっ》テ国体ノ精華《せいか》ヲ発揚《はつよう》シ、世界ノ進運《しんうん》ニ後《おく》レザランコトヲ期スベシ。爾臣民、其《そ》レ克《よ》ク朕ガ意《い》ヲ体《たい》セヨ。

ところが時刻が十五日にあらたまったころ、二つの大きな事件はおきました。

ひとつは、阿南陸相《あなみりくしょう》が自決《じけつ》したことです。阿南陸相は陸軍の立場から徹底抗戦《てっていこうせん》を最後までとなえました。かつて侍従武官《じじゅうぶかん》としてお仕《つか》えした阿南の、誠実な武人《ぶじん》かたぎを天皇さまは、深く愛しておられました。その阿南の自決をお聞きになられた天皇さまは、

「阿南には阿南としての考え方もあったにちがいない。気の毒なことをした……」

と、おおせられました。

いまひとつは、徹底抗戦派将校《しょうこう》が、録音盤《ろくおんばん》をうばうためにクーデターをおこしたのです。陸軍の畑中《はたなか》少佐らによって反乱はおこされました。

彼らは皇居《こうきょ》に乱入《らんにゅう》し、森赳近衛師団長《もりたけしこのえしだんちょう》を射殺《しゃさつ》し録音盤を探し求めました。侍従《じじゅう》から危急《ききゅう》を知らされた天皇さまは、

「軍のクーデターか。……私が出てゆく。ただちに（反乱軍《はんらんぐん》将兵を）御文庫《おぶんこ》前に集めてほしい。私が、じかにさとす……」

とおおせになり、藤田侍従長には、

「私の切ない気持ちは、わかってもらえないのだろうか」

と、もらされました。

結局、反乱軍は、東部軍《とうぶぐん》司令官田中静壱《しずいち》大将の指揮《しき》で鎮《しず》められました。畑中少佐らは自決したのでありました。

八月十五日、正午に重大放送がある、天皇陛下ご自身が国民にお話しくださるということで、日本全国、人びとはラジオの前ではじめて天皇さまのお声を聞きました。

「朕《ちん》、深ク世界ノ大勢ト帝国ノ現状トニ……」

ラジオのぐあいか、どこでも聴《き》きとりにくかったようです。しかし長く苦しかった戦争、〝欲《ほ》しがりません、勝つまでは〟と、家を焼かれ肉親を失い、それでも耐えに耐えて、みんながお国のためにと戦ってきた！　しかし、とうとう負けて戦争は終わったのだ、ということだけはわかりました。

心配していたが、やっぱり！　と張りつめていたものが、日本中が気落ちした一瞬《いっしゅん》でした。みなの目からは涙があふれ落ちました。日本の国はいったいどうなっていくのだろうか。自分たちはいったいこれからどうなるのだろうか。ようやく空襲《くうしゅう》のない、電灯《でんとう》に黒いおおいをかけないでよい夜が続くという喜びよりも、人びとの心に不安は広がるのでした。ことに、遠い外国の戦場に取り残された父や兄は、いったいどうなっていくのかと、そのような肉親を持つ人びとの心配は、胸が張りさけんばかりでした。

昭和天皇さまは終戦のとき、四首の御製《ぎょせい》をお詠《よ》みになられました。

海の外《と》の　陸《くが》に小島に　のこる民の　うへ安かれと　ただいのるなり

爆撃《ばくげき》に　たふれゆく民の　上をおもひ　いくさとめけり　身はいかならむとも

身はいかに　なるともいくさ　とどめけり　ただたふれゆく　民をおもひて

国がらを　ただ守らんと　いばら道　すすみゆくとも　いくさとめけり

戦後五十六年目のいま、さまざまな国の状態を考えますとき、いま一度これらの御製にこめられた大御心《おおみこころ》をつつしんで深く考えることが大切ではないでしょうか。

心の底からつねに世界の平和と人類みんなの幸せを願われた昭和天皇さま。その大らかで深いお心をよくよく考えることをしようとしなかった軍の、一部上層部《じょうそうぶ》とのあいだでの、長いながいお苦しみはここで終わりました。

スタンフォード大学に残されている、アメリカ政府の外国で勤めたことのある人びとの機関誌「フォーリン・サービス」の一九四七年七月号に、ボナ・フェラーズ准将《じゅんしょう》が、「天皇ヒロヒト降伏《こうふく》への苦闘《くとう》」と題した文章をのせています。その最後のあたりだけ記《しる》します。

〝天皇の六か月にわたる終戦への苦闘《くとう》に対する公的な反対は終わりを遂《と》げた。七百万におよぶ精神的にも肉体的にも強靱《きょうじん》な日本軍は武器を置いて、太平洋全域から帰国の途《と》についた。この歴史上、前例のない降伏《こうふく》が戦争を数か月短縮《たんしゅく》させ、推定四十五万人にものぼろうとしたアメリカ将兵の生命を救い、何十億ドルもの物的損害《ぶってきそんがい》を出さずに済《す》ませたことは疑《うたが》いない。

天皇は常に抵抗のすべなく、狂信的《きょうしんてき》軍国主義者の道具に利用されてきた平和主義者だったのであろうか、私は彼がそうであったことを固く信じて日本を去った〟

八月十七日、鈴木内閣は長いあいだ続いた戦争を終わらせるという、むずかしい大きな仕事を終えて総辞職《そうじしょく》しました。その辞表《じひょう》には、〝閣議《かくぎ》ヲ以《もっ》テ決《けっ》スル能《あた》ハズシテ御聖断《ごせいだん》ヲ仰《あお》ギタルコト一度ナラズ恐懼《きょうく》何ヲカ之《これ》ニ過ギン〟と記されています。しかし天皇さまは、

「ご苦労であった」

と、おやさしく鈴木総理をいたわられたのでありました。

第七章

一　大御心《おおみこころ》に沿い正々《せいせい》と

昭和二十年八月二十八日、連合国軍（おもにアメリカ兵）は海と空からいっせいに日本に上陸してきました。八月三十日、マッカーサー元帥《げんすい》は厚木《あつぎ》飛行場にコーンパイプをくわえて悠然《ゆうぜん》とおりたちました。

昭和天皇さまは終戦のご聖断《せいだん》が、はるか日本を離れた戦地にいる日本将兵《しょうへい》にも一日も早く知らされて、みなが一日も早くぶじ自分の家にもどれるように、お心をつかわれました。

正々とそれがおこなわれることが、せめても戦争から生き残った人たちの幸せにつながることだとお考えになられたのです。

そのために天皇さまは、皇族《こうぞく》の方々《かたがた》を各地につかわされました。まず新京《しんきょう》（長春《ちょうしゅん》）まで、関東軍《かんとうぐん》、朝鮮《ちょうせん》軍の部隊に、天皇陛下《へいか》のご聖断によって大東亜《だいとうあ》戦争は終わったことを知らせるために、陸軍中佐であった竹田宮恒徳王《たけだのみやつねよし》をつかわしました。南京《ナンキン》と北京《ペキン》に支那派遣軍《しなはけんぐん》部隊のために陸軍大将であった朝香宮鳩彦王《あさかのみやはとひこ》をつかわしました。サイゴン、シンガポールの南方《なんぽう》の部隊には陸軍少将であった閑院宮春仁王《かんいんのみやはるひと》をつかわしました。

天皇さまは竹田宮が新京から帰国すると、広島県宇品《うじな》の海軍特攻隊《とっこうたい》司令部と福岡の第五航空軍司令部につかわされ、高松宮宣仁王《たかまつのみやのぶひと》を厚木海軍航空隊基地につかわされ、天皇さまのおおせにしたがい軽はずみなことをおこさぬよう、お伝えになられたのでありました。

この天皇さまの、まさに血のにじむようなお骨折りと平和を願われるご仁愛《じんあい》のおかげで、マッカーサーをして、

「歴史上、戦時、平時を通じてこれほど速《すみ》やかにまちがいをおこさずに兵隊たちの武装《ぶそう》をとき家に帰した例を私は知らない。約七百万の兵士の投降《とうこう》という史上に例のないむずかしい仕事が一発の銃声もひびかせないで、連合軍兵士のひとりの血も流すことなく終えることができた」

と言わせたのでありました。

迫水久常《さこみずひさつね》氏はのちに、天皇さまのご仁慈《じんじ》についてもうひとつ付け加えたいと話しています。それは戦争犯罪人《せんそうはんざいにん》の裁判《さいばん》について、鈴木内閣の次の東久邇宮《ひがしくにのみや》内閣のときでした。

戦争犯罪人の裁判を連合国軍の裁判ではなく、日本の裁判でしたいと考え、そのことをマッカーサーに願い出たいと、天皇さまに申しあげたそうであります。天皇さまは、

「その裁判は自分の名において日本の裁判所でやるということか」

とお聞きになられました。天皇の御名《ぎょめい》で、裁判官がおこなうことになりますと、お返事申しあげますと、天皇さまは、

「私は国民のひとりでも戦争犯罪人として裁《さば》くことなどできはしない。国民はひとり残らず一心に日本の国のために尽《つ》くしてくれた。戦勝国《せんしょうこく》が戦勝国の名において勝手に裁判をするのならば、致《いた》し方のないことであるが、私の名においては何人も戦争犯罪人というものにあたる者はいない」

と、おおせられたということであります。

二　マッカーサーの骨のズイまでゆり動かしたお言葉

昭和二十年九月二日、東京湾に大きな姿を浮かべた戦艦《せんかん》ミズーリ号の艦上《かんじょう》で、ポツダム宣言を受けいれる調印が、重光外相《しげみつがいしょう》、梅津参謀総長《うめづさんぼうそうちょう》にまかされておこなわれました。この日、同時に連合軍総司令部（ＧＨＱ《ジーエイチキュー》）が置かれ、ＧＨＱは日本陸海軍を解散《かいさん》させて、日本

の軍隊はなくなりました。戦争のための飛行機、戦車、弾丸《だんがん》を造《つく》っていた工場はぜんぶ閉じました。

九月十日にはGHQは対日管理方針《たいにちかんりほうしん》を打ちだしました。

昭和天皇は九月二十七日、マッカーサーをアメリカ大使館のマッカーサーの部屋におたずねになりました。当時のことを「天皇・マッカーサー会見の真実」（フォービアン・パワーズ「文藝春秋」平成元年三月臨時増刊号）から拾ってみましょう。

〝私（註・マッカーサー）が東京について間もないころ、私の部下たちは、権力《けんりょく》を示すため、天皇を司令部に招き寄せてはどうかと、私に強くすすめた。私はそういった申し出をしりぞけた。「そんなことをすれば、日本の国民感情をふみにじり、天皇を国民の目に殉《じゅん》教者《きょうしゃ》に仕立《した》てあげることになる。いや、私は待とう。そのうちには、天皇が自発的《じはってき》に私に会いにくるだろう。いまの場合は、西洋のせっかちよりは、東洋のしんぼう強さの方が、われわれの目的にいちばんかなっている」というのが、私の説明《せつめい》だった。

実際に、天皇は間もなく会見《かいけん》を求めてこられた。モーニングにシマのズボン、トップ・ハットという姿で、裕仁《ひろひと》天皇は御用車のダイムラーに宮内《くない》大臣と向かいあわせに乗って、

昭和20年９月27日、天皇陛下は、初めてアメリカ大使館にマッカーサー元帥をご訪問した。

大使館についた。私は占領《せんりょう》したはじめから天皇の扱《あつか》いを粗末《そまつ》にしてはならないと命令し、君主《くんしゅ》にふさわしい、あらゆる礼遇《れいぐう》をささげることを求めていた。…（略）

私は天皇が、戦争犯罪者《せんそうはんざいしゃ》として起訴《きそ》されないよう、自分の立場を訴えはじめるのではないか、という不安を感じた。連合国の一部、ことにソ連と英国からは、天皇を戦争犯罪者にふくめろという声がかなり強くあがっていたからだ。現《げん》にこれらの国が出した最初の戦犯リストには、天皇がいちばんさきに記《しる》されていたのだ。私は、そのような不公正《ふこうせい》な行動が、いかに悲劇的な結果を招くことになるかが、よくわかっていたので、そういった動きには強力に抵抗《ていこう》した。

ワシントンが英国の考えに傾《かたむ》きそうになった時には、私は、もしそんなことをすれば、少なくとも百万の将兵《しょうへい》が必要になると警告《けいこく》した。天皇が戦争犯罪者として起訴され、おそらく絞首刑《こうしゅけい》に処《しょ》せられることにでもなれば、日本に軍政《ぐんせい》をしかねばならなくなり、ゲリラ戦がはじまることは、まず間違いないと私はみていた。けっきょく天皇の名はリストからはずされたのだが、こういったいきさつを、天皇は少しも知っていなかったのである。

しかし、この私の不安は根拠《こんきょ》のないものだった。天皇の口から出たのは、次のような言葉だった。

「私は、国民が戦争をなしとげるにあたって、政治、軍事両面でおこなったすべての決定と行動に対する、全責任をおう者として、私自身をあなたの代表する諸国のさばきにゆだねるためにおたずねした」

私は大きい感動にゆさぶられた。死をともなうほどの責任、それも私の知りつくしている諸事実に照らして、明らかに天皇に帰《き》すべきではない責任を引きうけようとする。この勇気にみちた態度《たいど》は、私の骨のズイまでもゆり動かした。私はその瞬間、私の前にいる天皇が、個人の資格《しかく》においても日本の最上の紳士《しんし》であることを感じとったのである。（略）

天皇との初対面以後、私はしばしば天皇の訪問をうけ、世界のほとんどの問題について話しあった。私はいつも、占領政策《せいさく》の背後にあるいろいろな理由を注意ぶかく説明したが、天皇は私が話しあったほとんど、どの日本人よりも民主的な考え方をしっかりと身につけていた。天皇は日本の、精神的復活《ふっかつ》に大いに役割を演じ、占領の成功は天皇の誠実《せいじつ》な協力と影響力《えいきょうりょく》におうところがきわめて大きかった〟

三　通訳《つうやく》が明かす真実

奥村勝蔵《おくむらかつぞう》氏は通訳として陛下《へいか》のお供《とも》をしました。お供は彼ひとりだけで、陛下は第一生命ビルに置かれたマッカーサー元帥《げんすい》の部屋の入り口に立ちました。元帥は自分の机《つくえ》の席で足を組んでパイプをくわえたまま、動こうともしない。陛下は机の前まで進まれてあいさつのあと、次の二つのことを述べられて、彼がその通訳にあたったのです。

「今回の戦争の責任はすべて自分にあるのであるから、自分に対してどのような処置《しょち》を取られてもかまわない。次に戦争の結果、現在国民は飢餓《きが》に瀕《ひん》している。このままでは罪のない国民に多くの餓死《がし》者がでるおそれがあるから、米国にぜひ食糧援助《しょくりょうえんじょ》をお願いしたい。ここに皇室財産《こうしつざいさん》の有価《ゆうか》証券類をまとめて持参《じさん》したので、その費用の一部にあてていただければ仕合《しあ》わせである」

と陛下はおおせられて、大きな風呂敷《ふろしき》づつみを元帥の机の上に差しだされました。

それまで姿勢を変えなかった元帥が、やおら立ちあがって陛下の前に進み、抱《だ》きつかれんばかりにしてお手をにぎり、

「私ははじめて、神のごとき帝王《ていおう》を見た」
と述べて、陛下のお帰りのときは、元帥みずから出口までお見送りの礼をとったのでありました。

四　固く守られたお約束

昭和二十年九月二十七日の天皇さまとマッカーサー元帥《げんすい》とのはじめてのご会見の内容は、いっさい極秘《ごくひ》にするとのお約束でありました。天皇さまはこの敵の将軍との約束を固くお守りになりました。

当時、十月四日にGHQ《ジーエイチキュー》が出した指令《しれい》は、〝日本民主化指令〟といわれ、これまでタブーであった「天皇」に関する自由討議《とうぎ》をあおりたてました。戦争の責任は天皇にある、などと無礼《ぶれい》なことを平気で言いたてる、それが進歩的だとする文化人などが姦《かしま》しい世の中でありました。

天皇さまは、ひとことの弁解《べんかい》も説明もなさいませんでした。いち早く、すべての責任を御一身《おんいっしん》に負《お》うことを敵将《てきしょう》に申し出、国民のために御身《おんみ》を投げだしてくださっていることも、ひとこともおおせになられませんでした。

ところが昭和三十年の夏、鳩山《はとやま》一郎内閣の重光《しげみつ》外務大臣は、公務《こうむ》でアメリカへ行くことになり、出発前に那須《なす》の御用邸《ごようてい》に天皇さまにごあいさつに行きました。天皇さまはこのとき、ニューヨークにいるマッカーサーにお言葉を伝えられました。重光外相は九月二日の朝、加瀬《かせ》国連大使をつれて、マッカーサー元帥と会い、陛下のご伝言《でんごん》を伝えました。このとき、重光外相はマッカーサー元帥の口から、これまで極秘にされていた昭和二十年九月二十七日、天皇さまがマッカーサーにお会いになりおおせられたお言葉をはじめて聞かされたのでありました。

これまで極秘ということでしたから、天皇さまは誰にもひとこともお洩《も》らしになられていないのです。十年後になってマッカーサー元帥が重光外相にあえて事の真実を語られたのは、元帥の昭和天皇に対する深い尊敬と好意の気持ちのほとばしりであったと思われます。

天皇さまの、この計り知れないご仁愛《じんあい》のお心を知った重光外相は感動にふるえました。

数千年の世界歴史のなかで、民族は興《おこ》っては亡《ほろ》びということをくりかえしてきました。しかし、そのなかで国民を庇《かば》って自分の命を捨てようという君主《くんしゅ》のあることを知らなかったマッカーサー元帥は、そのとき、興奮《こうふん》のあまり、陛下に抱きついてキスをしようと思ったと、重光外相に打ちあけています。

重光外相はマッカーサー元帥との会談《かいだん》の席で速記《そっき》をしていたスクリップ・ハワード通信社社長ロイ・ハワード氏の速記録と自分の記録とを照らしあわせて、これを日本語に訳《やく》し、昭和三十年九月十四日の読売新聞の朝刊にのせたのです。読売新聞の重光外相の記事の一部を左に記します。

重光「東京出発前、天皇陛下に拝謁《はいえつ》した際、陛下は〝もしマッカーサー元帥と会合《かいごう》の機もあらば、自分は米国人の友情を忘れた事はない。米国との友好関係は終始《しゅうし》重んずるところである。特に元帥の友情を常に感謝して、その健康を祈っている、と伝えてもらいたい〟とのことであった」

マック「自分は日本天皇のご伝言《でんごん》を他のなにものよりも喜ぶものである。私は陛下にお出あいして以来、戦後の日本の幸福に最も貢献《こうけん》した人は天皇陛下なりと断言《だんげん》するに憚《はばか》らないのである。それにもかかわらず、陛下のなされたことは未《いま》だかつて、十分に世に知らされてはおらぬ。十年前、平和再来いらい、欧州《おうしゅう》のことが常に書きたてられて、陛下の平和貢献の仕事が十分に理解されていないうらみがある。その時代の歴史が正当に書かれる場合には、天皇陛下こそ新日本の産《う》みの親であるといって崇《あが》められることになると信じます。

私は戦前には、天皇陛下にお目にかかったことはありません。はじめてお出あいしたのは、東京の米国大使館内であった。

どんな態度で、陛下が私に会われるかと好奇心《こうきしん》をもってお出あいしました。しかるに実に驚きました。陛下は、まず戦争責任の問題をみずから持ち出され、つぎのようにおっしゃいました。すなわち、

『私は、日本の戦争遂行《すいこう》に伴《ともな》ういかなることにも、また、事件にも全責任をとります。また私は、日本の名においてなされた、すべての軍事指揮官、軍人および政治家の行為に対しても直接に責任を負《お》います。自分自身の運命について貴下《きか》の判断がいかようのものであろうとも、それは自分には問題ではない。私は全責任を負います』

これが陛下のお言葉でした。私はこれを聞いて、興奮のあまり陛下にキスしようとした

くらいです。もし国の罪をあがなうことが出来れば進んで絞首台《こうしゅだい》にのぼることを申し出る、という、この日本の元首に対する占領軍の司令官としての私の尊敬の念は、その後ますます深まるばかりでした。

陛下はご自身に対して、いまだかつて恩恵《おんけい》を私に要請《ようせい》したことはありませんでした。とともに決して、その尊厳を傷つけた行為に出たこともありませんでした。どうか日本にお帰りの上は、自分の温かいごあいさつと親しみの情を陛下にお伝えください。その際、自分の心からなる尊敬の念をも同時にささげてください。……」

五　昭和天皇に戦争責任はない

昭和天皇さまが終戦のおりご聖断《せいだん》をくだされたように、なぜ開戦のときもご聖断されなかったのかと申す人びとがいます。

ずっとここまで読んでこられて、天皇さまはどこまでも話しあいですべてを平和裡《り》に解決することを願われたことは理解されたでしょう。御前《ごぜん》会議のおり、とくに発言を求められ、

四方《よも》の海　みなはらからと　思ふ世に　など波風の　立ちさわぐらむ

の、明治天皇御製《ぎょせい》を二度も朗誦《ろうしょう》あそばし、そのお気持ちをお示しにもなりました。開戦の詔勅《しょうちょく》のなかに、東条《とうじょう》首相の反対をおして「豈《あ》ニ朕《ちん》カ志《がこころざし》ナラムヤ」のお言葉をとくに入れさせられもなさいました。

鈴木内閣の書記官長、迫水久常《さこみずひさつね》氏は、「開戦の際は東条《とうじょう》内閣においては、天皇陛下が戦争を避《さ》けたいと考えておられたことは万事《ばんじ》知っておりながら、内閣において開戦ということを決めて、それに対するご裁可《さいか》をあおぎましたので、天皇陛下は当時の政治慣習《かんしゅう》にしたがってご裁可になったのであります。

明治憲法制定後、とくに、大正天皇以後の帝王学《ていおうがく》においては、〝天皇は統治《とうち》すれども政治せず〟という英国風の教育でありまして、申さば完全な責任内閣制（すべての責任は内閣がとる）であり、天皇は内閣において決定したことについては、これを必ず裁可相成《さいかあいな》るという慣習ができあがっていたのであります。したがって終戦の時ももし鈴木内閣が戦争継《けい》続《ぞく》ということを決定したならばおそらく、天皇陛下はこれを裁可に相成ったと存じます」と、『終戦の真相』の中で語っています。

つまり日本の天皇とは専制君主《せんせいくんしゅ》（国家のすべての権力が支配者《しはいしゃ》ひとりににぎられ、国家のすべての機構《きこう》がその君主の命令のもとに置かれる）ではありません。昭和天皇は、立憲《りっけん》君主制（憲法を定めて、それに基《もと》づいて政治がおこなわれている）のご自身のお立場をきびしくお守りになられたのです。

しかし天皇さまのご希望はどこまでも御即位《ごそくい》当日出された勅語《ちょくご》のなかに〝外ハ則《すなわ》チ国交ヲ親善ニシ、永《なが》ク世界ノ平和ヲ保チ、普《あまね》ク人類ノ福祉ヲ益《ま》サムコトヲ冀《こいねが》フ〟と、おおせられているとおりであります。

ですから私《わたくし》ごころなく、すべての人類の幸せを、国民の幸福を願われる天皇さまのお心を体《たい》して総理大臣は政治を考えるべきでありました。この点で、鈴木総理は陛下《へいか》のお考えをどのようにして実現するかに心を砕《くだ》きました。開戦のときの総理は陛下のひたすらなお願いを知りながらも、そのお考えよりも、世界情勢や軍の突きあげがあったとはいえ、内閣の方針を実行したということです。歴史にもしもはないと言います。が、昭和天皇のご足跡《そくせき》を事こまかに辿《たど》らせていただきますときに、その偉大さに只《ただ》ただ頭がさがるばかりであります。そして、東条首相が心の底から命がけで昭和天皇のお心を受けとめていたらと無念《むねん》に思うのです。しかし、今後の日本国の運命は過去にあるのではなく、これからの国民ひとりひとりの自覚にかかっているのだと、考えなおすのです。

大日本帝国憲法では、天皇は政治の面でも軍事の面でも、お助けする者を置いてその者に責務《せきむ》を負《お》わせると決められています。責任者が別にいて政治・軍事・そのほかのことも運営されます。そのうえで、〝天皇ハ神聖《しんせい》ニシテ侵《おか》スベカラズ〟と、天皇に政治責任がないことを明らかにしてあります。権力をもたないのですから責任を免《めん》ぜられるのは当然です。大日本帝国憲法に照らしても天皇に戦争責任はありません。しかし天皇さまは憲法の範囲内におありでありながら、平和の実現のために御身《おんみ》を投げうってお力を尽くされたのです。

占領軍最高司令官マッカーサー元帥《げんすい》も、極東《きょくとう》国際軍事裁判所のウェッブ裁判長も、「天皇には法的・政治的戦争責任はない」と明言《めいげん》しています。

ところが天皇さまは、戦争の道義的《どうぎてき》責任を痛感《つうかん》されて、ご自身で戦争のすべての責任は自分にあると、マッカーサーに申し出られたのです。

天皇さまの取られた戦争責任とは、人間のモラルのいちばん低いところを示した次元の低い法律の立場から見た責任とか、型《かた》にとらわれた政治的責任ではありません。人間がこの世に生きて社会で生活をしていくうえでもっとも大切な、とくに大衆《たいしゅう》の上に立つ指導的立場の人が重大に考えなければならない責任なのです。

天皇さまは法律的責任の次元よりはるかに高い次元である倫理《りんり》的道徳的（人として守るべき正しい道）責任をお取りになったのです。

数千年の昔からさまざまな民族がいくたびとなく興《おこ》っては亡《ほろ》びをくりかえしています。その非常のとき、国民を守るために自分のいのちを捨ててよい、自分が絞首台《こうしゅだい》にのぼってもよいから国民を助けようという君主は、ひとりもいなかったのです。ですからマッカーサーは昭和天皇もご自分のいのち乞《ご》いに来られたと思っていたのです。ところが天皇さまは正反対のことを言われた、すべての罪をご自分御一人《ごいちにん》で背負《せお》うという崇高《すうこう》なお覚悟《かくご》をまざまざと目の前にしたのです。マッカーサーの感動は頂点《ちょうてん》に達しました。「我《われ》、神を観《み》たり」と心の中で叫《さけ》んだと、彼はのちに回想録《かいそうろく》に記《しる》しています。

しかし、天皇さまはご自分からは御《おん》ひとこともこのことはおおせになりませんでした。世の中は占領政策《せんりょうせいさく》の言論《げんろん》の自由に乗っかって、天皇の戦争責任をしきりに言いたてる人びとがいました。だが天皇さまは言いわけもなさらず、マッカーサーとの約束を守られたのです。

そして十年たってマッカーサーの口からはじめて明《あき》らかにされたのです。昭和天皇は終《しゅう》生《せい》、御身《おんみ》ひとつに戦争の全責任を引き受けてくださったのです。あれほど戦争反対のお心にそむいた人びとの罪まで背負ってくださったのです。

昭和五十年ご訪米のおり、アメリカの記者が、戦争責任についてたずねたのに対して天皇さまは、「そのころの人がまだ生きているとき、私がなにかを言えば当時の軍当局を批《ひ》判《はん》することにもなりかねないので、そのようなことはさしひかえたい」と、おおせになりました。三十年たっても、なおかつひとりの国民をも責めたり傷つけようとはなさらない。まさに神のかぎりない恕《ゆる》しを秘めたお心、計り知れない思いやりのお心こそが、マッカーサーの観《み》た神そのままのお姿であったのでありましょう。

戦後の私たちが、よくよく知らなければならないことは、昭和天皇はご自身が処刑《しょけい》されることを覚悟《かくご》されたうえで、終戦の決断をされたことです。そのことを占領軍最高司令官に申しでられたのです。これによって昭和天皇は、完全に倫理《りんり》的道徳《どうとく》的責任も果たされたのです。この瞬間に、昭和天皇の戦争責任はすべて消えてしまったことを、私たち国民は心から知り、感謝申しあげるべきだと思います。

私たちが次の世代へのいちばんすばらしい贈《おく》り物は、物でもお金でもありません。自分たち日本人は、悠久《ゆうきゅう》の昔から世界人類すべての平和を願われる天皇さまのいます国（拙著《せっちょ》『教科書が教えない日本の神話』産経ニュースサービス／発行、扶桑社《ふそうしゃ》／発売など参照）に生を享《う》けているのだということを、はっきりと伝えることにあります。自分の国はこんなにすばらしく、自分の血の中にもそのすばらしい血が流れているのだと、この国に生まれたことをよろこびとして胸を張る者は、決して非行《ひこう》になど走りません。このような人間であって、はじめて世界にも通用《つうよう》する、りっぱな国際人にもなれましょう。

民族の根っこを忘れては、たましいを失ってしまった無国籍《むこくせき》の民であって、その先には不幸の連続、滅亡《めつぼう》しかありません。私たち昭和の世代を生きた祖父母、親世代は、ひとりひとりが語りべになろうと私はみなに呼びかけています。暗い戦争の語りべではないのです。世界の大動乱《だいどうらん》にまきこまれたなかで、どこまでも平和を希《ねが》われ、そのためにご自身のいのちまでもさし出された昭和天皇がいましたことの。

第八章

一　香淳《こうじゅん》皇后のご内助《ないじょ》

皇后《こうごう》さまが古希《こき》をおむかえになられたとき、記者が、「いちばんおつらかったことは」と聞かれたのに、「なんといっても、戦中から戦後にかけて、陛下《へいか》のご心痛《しんつう》のようすをおそばで拝《はい》していたことです」と、答えられています。

昭和天皇は国のゆくすえをご心配されて、ついに夜を明かされてしまわれることも幾夜《いくや》となくおありでした。おそばで皇后さまがお慰《なぐさ》めお励《はげ》ましあそばしました、そのご苦労は並たいていではなかったと存じます。

皇后さまとのご結婚六十年の歳月《さいげつ》をともに歩まれた昭和天皇は、そのダイヤモンド婚での記者会見のおり、「皇后がいつも朗《ほが》らかで、家庭を明るくしてくれ、私の気持ちを支《ささ》えてくれたことを感謝しています」とおおせられました。これほどの激動、これほどの波乱の時代はいまだかつてなかったと思われる昭和の時代を、天皇さまの影のかたちに添《そ》うようにして、皇后さまはお支えになられました。「お上《かみ》」とお呼び申しあげて、お上のお世話は決して他におまかせにはなられませんでした。お上のお体《からだ》のぐあいは、食事の召《め》しあがりぐあいはと、いつも御笑顔《おんえがお》でご覧《らん》になられて、お上の侍医《じい》と連絡をとられ、昭和天皇のご健康のことにお気をつかわれました。

また、天皇さまのお心を体《たい》されて、戦《いくさ》でなくなった人びと、戦で家の大黒柱《だいこくばしら》をなくした遺族《いぞく》、戦争で傷を負《お》った人びとへの深いご慈愛《じあい》は、そのお歌に拝《はい》せます。

やすらかに　ねむれとぞおもふ　君のため　いのちささげし　ますらをのとも

失明軍人をなぐさむ

せめてこの　花のかをりに　なぐさめむ　目を捧《ささ》げたる　ますらをのとも

遺家族に対しては、

なぐさめむ　ことの葉もがな　たたかひの　にはをしのびて　すぐすやからを

とお詠《よ》みになっておられます。

佐賀《さが》県基山《きやま》町にある因通寺《いんつうじ》の第十五代住職であった恒願院《こうがんいん》和上《わじょう》は、自身が昭和七年に医療ミスで失明の不幸にみまわれましたが、その苦しみから立ちあがり、傷病兵《しょうびょうへい》たちに傷つきながらも心を強くもって生きていってほしいと慰問《いもん》して回っておりました。

そのようなとき、和上は皇后さまのご慈愛のあふれる三首のお歌を知りました。和上は大きな幟《のぼり》をつくり、このお歌を大書《たいしょ》しました。これをもって、鍋島侯爵《なべしまこうしゃく》夫人にともなわれ皇后さまにお目にかかりました。

「この幟をつくったのは、日本の国民は聖徳太子《しょうとくたいし》が『和をもって尊しとなす』とおおせられ、また明治天皇が『など波風のたちさわぐらん』とおおせられたと同じように、国民も平和を愛する国民です。だから政治家や軍人は一日も早く戦いをおさめる努力をしてほしい願いをこめて、お歌を幟にいただきました」と、ご説明申しあげて、皇后さまに刺繍《ししゅう》の第一針目をお願いしました。皇后さまはおよろこびになられ針をお運びくださり、照宮《てるのみや》さまや内親王《ないしんのう》さま方も刺繍をされ、学習院の女子生徒たちも祈りをこめて針を運びました。そしてこの幟は一人一針ずつですから、完成までに百万の女性が刺繍しなければ完成しません。和上が盲目《もうもく》の老人であったことから予定よりできあがるのがおくれ、昭和二十年の五月になりました。

和上はできあがった幟を両陛下にお目にかけたいと願いながら、世の中はそれを許す情勢ではなく終戦へと進んでいったのです。この幟の後日談《ごじつだん》は天皇さまの全国ご巡幸《じゅんこう》のところに記《しる》します。

戦中から戦後へと、これまで体験したことのない不安な日々《ひび》の連続でした。そんななかで皇后さまはしっかりとしたものをおやさしい笑顔でつつんで、まわりを明るくしていらっしゃいました。

それは今上陛下《きんじょうへいか》（いまの天皇さま）へのお手紙にも拝することができます。当時、陛下は学習院初等科《しょとうか》五年生で、日光田母沢御用邸《にっこうたもざわごようてい》に疎開《そかい》されていました。

「ごきげんよう。いつもお元気でほんとうにうれしく思います。……元気に雪道をご通学のことをきいて　うれしく感心しています。スキーが大そう　ご上達のようですね。……戦争も　なかなかはげしくなってきて　空襲《くうしゅう》がありますが　元気にしていますから　安心して頂戴《ちょうだい》。こんなになっても　みなで元気にがんばりましょう……」

二通目のお手紙は、終戦のとき、天皇さまがはじめてマイクの前に立たれ終戦の詔書《しょうしょ》をお読みになられてから十五日後のことです。

「……この度《たび》は天皇陛下のおみ声をおうかがいになったことと思いますが　皆　国民一同涙をながして伺《うかが》い　恐れいったことと思います。おもうさま（お父さま）日々　大そうご心配遊ばしましたが　残念《ざんねん》なことでしたが　これで　日本は　永遠に救われたのです。…

…東宮《とうぐう》さんも……しのぶべからざることを　よくしのんで　わざわいを福にかえて、りっぱなりっぱな国をつくりあげなければなりません」

またその前に、昭和十九年十二月の今上陛下のお誕生日には、

「つぎの世を　せおふべき身ぞ　たくましく　ただしくのびよ　さとにうつりて」

のお歌をつけられて、ビスケットを全国の疎開《そかい》児童にお贈《おく》りになりました。

昭和天皇は御母貞明皇后《おんははていめい》を尊敬され大切にお思いになられ、そのお気持ちをよくお歌にもお詠《よ》みになっておられます。

母宮《ははみや》より信濃路《しなのじ》の野なる草をたまはりければ二首（昭和二十年）

わが庭に　草木をうゑて　はるかなる　信濃路にすむ　母をしのばむ

夕ぐれの　さびしき庭に　草をうゑて　うれしとぞおもふ　母のめぐみを

母宮をおもふ三首（うち一首）（昭和二十七年）

冬すぎて　菊桜さく　春になれど　母のすがたをえ　見ぬかなしさ

このような天皇さまのお心も深く受けとめられて、皇后さまはよく母宮をおたずねになられました。皇居内の紅葉山養蚕所《もみじやまようざんしょ》で仲むつまじく蚕《かいこ》の世話をなさるのをお見かけしまし

た。養蚕のお手伝いにあがった人びとは、このお姿こそ世の嫁姑《よめしゅうとめ》のお手本とたたえました。

皇后さまは昭和天皇の御祖母《おんそぼ》昭憲皇太后《しょうけんこうたいごう》、そして貞明《ていめい》皇后と続く博愛《はくあい》のご精神をしっかりと受けつがれました。皇后さまは、スイス・ジュネーブに本部の置かれている〝昭憲皇太后基金《ききん》（ジ・エンプレス・ショーケン・ファンド）〟を何度も額《がく》をふやされました。〝昭憲皇太后基金〟とは、平和目的にかぎる発展途上国の医療援助《いりょうえんじょ》ということで、第二次世界大戦中も絶えることなく続いています。

この基金は、明治四十五年に昭憲皇太后が、「赤十字《せきじゅうじ》は平時においても人類の幸せと平和をはかることが大切な仕事」と、国際赤十字に現価《げんか》にすると約三億円を寄付《きふ》されたものです。これを基金に大正十年からその利子が分配されて、救急車、車椅子《いす》、病院建設、各種医療器具《いりょうきぐ》となって、各国をうるおしています。皇后さまはこの基金を事あるごとにふやされ、現在では、基金は九億四千五百万円。昨年で七十九回目の配分で、延《の》べ五百十七か国がご仁慈《じんじ》に浴《よく》しています。

これこそ昭和天皇が希《ねが》われた、世界の平和と人類の福祉増進《ぞうしん》への実践《じっせん》で、世界に誇るすばらしいことです。

二　全国ご巡幸《じゅんこう》

わが日本民族にとってははじめて味《あじ》わう敗戦でした。東京、大阪をはじめ地方のおもな都市のほとんどは焼野《やけの》が原でした。住む家はなく防空壕《ぼうくうごう》の中で、また焼け残ったトタンで囲《かこ》った掘立小屋《ほったてごや》で雨つゆをしのげるのは、まだよいほうでした。空襲《くうしゅう》で両親を失い孤児《こじ》になった子どもたちのかわいそうなことは、いまの平和な世の中では、とうてい想像できません。夜になると、駅の構内や橋の下に寝場所を探すしかなかったのです。食べるものはなく着るものもないのです。空襲の心配だけはなくなりましたが、いままで張りつめていただけにみな、戦後を生き抜くにはどうしたらよいのか、世の中がどうなっていくのか見当《けんとう》もつきません。うつろに気落ちしていた人がほとんどではなかったでしょうか。

しかし生き残った人びとはまだしも、約三百万の方々が尊い犠牲《ぎせい》となり、なくなられました。また、外地《がいち》で終戦をむかえた人びとの苦しみは想像を絶するものがありました。終戦を海外でむかえた日本人は、六百四十万人。引き揚《あ》げは終戦後から昭和三十四年ごろまで続きました。ほとんどの人がすべてを失い、着のみ着のままで祖国の土を踏《ふ》んだのです。しかし、生きて帰れた人はまだ幸せでした。満州《まんしゅう》、北朝鮮《きたちょうせん》ではソ連軍が暴行《ぼうこう》、略奪《りゃくだつ》、射殺《しゃさつ》とむごたらしくいたましいかぎりでした。

昭和天皇は、このように困りはてている国民のようすを、じっとご覧《らん》になっておられ、ご自身の痛みとして受けとめておられました。

焼け野原と化した全国を隈《くま》なくめぐり歩いて、国民をなぐさめ励《はげ》ましたい、復興《ふっこう》に向けて立ちあがらせるための勇気を与えたいとの、ありがたいお考えをうかがったのは、昭和二十年十月であったと、当時の宮内庁《くないちょう》加藤進次長は述べています。このお考えは三月十八日に東京大空襲の被災地《ひさいち》をお歩きになられ、その悲しくいたましいようすがお目に焼きつかれて以来、お持ちであったようです、とも加藤次長は述べています。

「この際、私としてはどうすればいいのかと考えたが、結局、広く地方を歩いて遺家族《いかぞく》や引き揚《あ》げ者をなぐさめ、励《はげ》まし、元の姿に返すことが自分の務《つと》めであると思う。私の健康とかなんとかはまったく考えなくてもいい、その志《こころざし》を達するよう全力をあげておこなってほしい」

と昭和天皇はおおせられ、悲しみ途方《とほう》に暮《く》れる国民のなかに飛びこんでいかれたのです。

御製《ぎょせい》、

戦《たたかい》の　わざはひうけし　国民を　おもふこころに　いでたちてきぬ

昭和二十一年二月十九日の神奈川《かながわ》県下の昭和電工《しょうわでんこう》を振り出しに、二十九年の北海道《ほっかいどう》ご視察《しさつ》まで、ご視察日数百六十五日、全コースは三万三千キロにおよびました。天皇さまが直接お言葉をかけられた人びとは二万人にものぼると宮内庁《くないちょう》ではふりかえっています。

天皇さまをお迎えした国民のよろこびはたいへんなものでした。そしていま、戦後五十六年、大東亜《だいとうあ》戦争の戦勝国《せんしょうこく》にまさるとも劣《おと》らぬ国家としてみごとに復興《ふっこう》を果《は》たしました。

これこそ、国家の運命のような戦《いくさ》でありましたのに、その罪を一身《いっしん》にお背負《せお》いになられての巡礼《じゅんれい》の行脚《あんぎゃ》そのままの天皇さまのお姿に、国民は感激しふるい立ったからにほかなりません。そのごくごく一部を記《しる》します。

昭和二十一年二月十九日、午前九時、皇居ご出発。天皇さまは背広《せびろ》にソフト帽《ぼう》で、お供《とも》は松平慶民《まつだいらよしたみ》宮内《くない》大臣、藤田尚徳《ふじたひさのり》侍従長《じじゅうちょう》、行幸主務官《ぎょうこうしゅむかん》は筧素彦《かけいもとひこ》宮内省官房《かんぼう》総務課長が務《つと》めました。占領軍《せんりょうぐん》のジープが先導《せんどう》しました。

六郷橋《ろくごうばし》を渡り京浜《けいひん》工業地帯の中心であったところに入ると、見わたすかぎりの焼け野原でコンクリートの瓦礫《がれき》の山とむき出しの鉄骨の残骸《ざんがい》が続いています。お車が第一のご視察地、昭和電工川崎工場につきました。待ちかまえていたMP《エムピー》（アメリカ軍憲兵《けんぺい》）やアメリカ兵が陛下を見ようと押しかけました。森社長が工場のご説明を申しあげました。そのときの状況を加瀬英明《かせひであき》氏は『天皇家の戦い』で左のように記《しる》しています。

〝森の言葉の切れ目ごとに、天皇は『あ、そう。あ、そう』と頷《うなず》かれた。ところが、ご説明申しあげているあいだ、連合軍の新聞、通信社のカメラマンや、写真機を手にしたアメリカ兵が群《むら》がって、天皇に向って、こっちを向け、あっちを向けと、大声で煩《うるさ》く叫《さけ》び、しばしば天皇の体《からだ》に触《さわ》って、押したり、引っぱったりした。占領軍は勝ったのだから、天皇を何とも思っていなかった。

森は緊張《きんちょう》して顔がこわばった。だが、天皇は何回もこづかれ、こっちが引っぱると、あっちも引っぱるというように、まるで玩具《おもちゃ》にでもされるように、もみくちゃにされたが、全然、意に介《かい》されなかった。陛下は、まったく嫌《いや》な顔をされずに、一方に向かされれば、そのまま、そのほうを向かれた。

森の説明が終るころには、ひととおり写真は撮《と》ってしまったので、騒ぎはいくらかおさまっていた。（略）森は天皇が何もなかったように、平然《へいぜん》と聞いておられるのを見て、『えらい我慢《がまん》をなさった。ほんとうに申しわけない』と思った〝

群馬《ぐんま》県を回られたとき、麦畑にきちんと座《すわ》った老夫婦は、「天子さまの御事《おんこと》をかれこれ悪くいう事が世の中に出てきたとのことですが、そんなことはワシラが生きているうちは聞きたくない。罰《ばち》があたる」と語ったと、当時の上毛《じょうもう》新聞に紹介されています。


埼玉《さいたま》県の熊谷《くまがや》市では、戦災《せんさい》状況をお聞きになり、忍《おし》町（現・行田《ぎょうだ》市）の足袋《たび》工場、埼玉村で麦の手入れをお励《はげ》ましになられました。北埼玉郡屈巣《くす》村（現・川里村）で供出《きょうしゅつ》の状況、むしろ、縄《なわ》づくりをご覧《らん》になりました。

「時まさに世情騒然《せじょうそうぜん》、失業者は巷《ちまた》にあふれ食糧《しょくりょう》の緊迫化《きんぱくか》は〝死の行進〟とすら言われ、インフレの大波はとどまる処《ところ》をしらず遂《つい》に三月三日、旧円《きゅうえん》停止、物価統制令《とうせいれい》となり、求めるに職なく、家なく米なく、ヤミ物資のみ横行《おうこう》し、争議《そうぎ》と闘争、法有りて無法、無秩序、まさに国破れて、山河《さんが》有りと言うのみ」と、『行田足袋百年史』に記されている時期のご巡幸でありました。

のちに、左の御製は行田市の中心地に碑《ひ》に刻《きざ》まれ、市民の心の支《ささ》えになっています。

行田の足袋を思ふ

足袋はきて　葉山《はやま》の磯《いそ》を　調べたる　むかしおもへば　なつかしくして

千葉《ちば》県には昭和二十一年六月六日、七日にかけて、お召《め》し列車の中で一泊されてのご巡幸でした。車内にはゆっくりお休みいただく寝台《しんだい》はもちろん、お風呂《ふろ》などあろうはずもありません。しかし天皇さまはおおせられました。

「戦災の国民のことを考えればなんでもない」

銚子《ちょうし》では海もとよもすばかりの「天皇陛下万歳《ばんざい》」の声にむかえられました。港のせまい道を人波をかきわけるようにお歩きになり、岸壁《がんぺき》に立たれました。漁《りょう》から帰った船が近づいてきました。天皇さまは大声で、

「どうだ！　捕《と》れたか！」

と、漁船《ぎょせん》の漁師《りょうし》に呼びかけられました。漁師はすかさず、両手で魚を高々《たかだか》とかかげて、

「こんなに捕れました！」

とお答えしました。

「大漁《たいりょう》だね」

と、おほめになり、にっこりなさいました。

「この言葉の受けわたしは実に気合《きあい》がピッタリして、しかも和《なご》やかで朗《ほが》らかで活気に満ちていました」

と、お供申しあげた大金益次郎侍従長は、その著『巡幸餘芳《じゅんこうよほう》』の中で語っています。

静岡《しずおか》県ご巡幸のおりのことを当時の静岡新聞コラムで、「国民と共にありたいといわれた陛下は国民と一体になって起《た》ちあがろうとされているのだ。この思《おぼ》し召《め》しだけは、お互《たが》いに無にしないようにしたいものである」と書きました。

ご巡幸のあった二十一年、静岡の緑茶《りょくちゃ》の輸出はめざましい高い数字を示しました。

岐阜《ぎふ》県では引き揚げの母子たちがお待ちしていた厚生寮《こうせいりょう》をおたずねになられました。厚生寮には、幼稚園がありました。お立ち寄りになられた天皇さまは「これが戦災者、引き揚げ者たちの子どもですか」と園長にたずねられ、子どもたちの頭をなでられました。その中のひとりは、「天皇陛下が頭をなでてくれた。ワシはかしこくなったんだ」と喜んで走り回ったと申します。

このご巡幸からお帰りになられた直後に、先の「戦のわざはひうけし国民を」の御製に、次の二首を加えられて、「戦災地視察《せんさいちしさつ》」と題されて、地方長官会議に下《くだ》されました。

御製

わざはひを　わすれてわれを　出むかふる　民の心を　うれしとぞ思ふ

国をおこす　もとゐとみえて　なりはひに　いそしむ民の　姿たのもし

昭和二十一年十一月十八、十九日と茨城《いばらき》県をご巡幸されました。翌年の御歌会始《おうたかいはじめ》に「曙《あけぼの》」のお題で、

たのもしく　夜はあけそめぬ　水戸《みと》の町　打つ槌《つち》の音も　高くきこえて

と、新生日本が槌音も力強く復興《ふっこう》されていく、その曙を天皇さまは水戸の町にご覧《らん》になられたのでありましょう。

昭和二十二年六月五日から十四日まで、大阪、和歌山、兵庫とご巡幸になられました。大阪では府庁前で車からお降《お》りになった天皇さまに、熱狂的な奉迎《ほうげい》の群衆が殺到《さっとう》。警備のMP隊長が空に向けてピストルを二発撃《う》ったが、混乱はおさまりませんでした。のちに、このときの大阪府知事であった赤間文三《あかまぶんぞう》氏は、入江《いりえ》元侍従長に会うとかならず、「あのときの、あの気迫《きはく》で日本は立ち直った」と語っていました。

和歌山ご巡幸を同行取材した外国人記者H・ティルトマンは、「熱狂した群衆はあまり民主的になりすぎて、天皇が乗っていたリムジンをミコシのようにかつごうとした。もちろん、車体がへこむまえに地上におろしはしたが、その熱狂ぶりはたいへんなものだった」と「週刊新潮」の「日本報道三十年」（昭和四十年五月二十日号）のなかで回想《かいそう》しています。

昭和二十二年は六月の関西《かんさい》ご巡幸に続いて本州の二十一県を暑さ寒さをものともせず、ご巡幸になられました。

八月五日から十九日まで酷暑《こくしょ》の十五日間、福島《ふくしま》、宮城《みやぎ》、岩手《いわて》、青森《あおもり》、秋田《あきた》、山形《やまがた》の六県を、国民を励《はげ》ましておまわりくださったのです。お側《そば》の人びとは、涼しくなってからと申しあげましたが、天皇さまは、「七月に大水害にあった人びとを見舞《みま》い、また、農村の人びとを激励《げきれい》し食糧増産《ぞうさん》をしてもらわねば」と炎暑《えんしょ》のなかのご巡幸になったのです。

福島県、常磐炭坑《じょうばんたんこう》の湯本《ゆもと》駅におつきになった天皇さまは、ねずみ色の背広に麦わら帽子《ぼうし》をお召《め》しで、その日は地下四百五十メートルの坑内《こうない》まで、坑夫《こうふ》たちを励ましてまわられました。坑夫たちが入坑《にゅうこう》する人車に腰をおろされ、人車は下り勾配《こうばい》を地下におりていきました。はじめ高かった穴《あな》の天井《てんじょう》も低くなり、お帽子が天井の電線すれすれになります。地下四百五十メートルの切り羽《は》（石炭などの採掘場《さいくつじょう》）のあたりは温度が六十二度にも上がっています。通風《つうふう》していても汗《あせ》はたらたらと流れました。そんな坑内まで天皇さまがきてくださるとは、みな、夢にも思っておりませんでした。坑夫たちは汗《あせ》と涙でぐちゃぐちゃにな

昭和22年８月、天皇陛下は東北地方を巡幸された。常磐炭鉱では地下450メートルの坑低で働く坑夫たちを激励された。

りながらも、切り羽をお目にかけました。当時、「日本の再建は石炭から」が合言葉《あいことば》でした。ご巡幸のあと、出炭率《しゅったんりつ》は五割近くあがり、天皇さまのおかげとしか言いようがないと、炭坑責任者たちはよろこんだと申します。

御製

あつさつよき　磐城《いわき》の里の　炭山に　はたらく人を　をしとぞ見し

は、このときのことをお詠《よ》みになられ、いま、いわき市石炭・化石館の入り口の碑《ひ》に、この御製は刻《きざ》まれています。

東北ご巡幸の二日目は朝八時から十時間、厚生寮、国立病院、石巻市《いしのまきし》で市民の歓呼《かんこ》を受けられ、塩釜《しおがま》魚市場、女川《おながわ》市場、水産実験所、石巻、小牛田《こごた》とまわられて、古川の県立高等女学校へおつきになりました。炎暑のなか、これほどの強行軍のあと、お風呂《ふろ》もない女学校の教室がご宿泊所でありました。たらいの水でお体をふかれ、教室にござをしいて布団《ふとん》をしいてお休みになられました。お供の方もみな教室でしたから、窓は朝四時になるともう明るくなり、お疲れを休めるひまもおありでなかったのです。

天皇さまは、たばこをおすいにならず、お酒もおのみになりません。ご巡幸中は毎朝、七時には起床され、安全カミソリでご自分でひげもおそりになります。ご自分でおそりになるので、ときに、ひげを誤ってそり落とされたこともありますとか、鈴木行幸主務官《ぎょうこうしゅむかん》が語っていました。

八月十日から十二日の青森ご巡幸のおりもご宿泊所の弘前《ひろさき》市公会堂には入浴設備はありませんでした。酷暑《こくしょ》のさ中、一日中、森林試験場、りんご試験場、国立弘前病院ご慰問《いもん》と汗まみれ埃《ほこり》まみれのお体を、大がめの水をくんでお拭《ふ》きになっただけでした。

昭和二十二年九月にはいると関東ご巡幸が始まりました。戦後はじめて那須御用邸《なすごようてい》にご滞在《たいざい》になられ、ここから四日間栃木《とちぎ》県下をご巡幸になられました。第一日と第四日は皇后さまもごいっしょでした。栃木県議会はご巡幸を前に「国民の象徴《しょうちょう》である天皇陛下のご巡幸を仰《あお》ぎますことは、われら県民の感激の極《きわ》みであり、われらの心は鼓舞《こぶ》され文化的平和日本建設の誓《ちか》いを新たにするものであります」との感謝決議を全会一致で可決《かけつ》しました。

母子寮《ぼし》をおたずねになった皇后さまに、「おばちゃんの着物はきれいね」「また来てね」と幼い子どもたちが語りかけました。皇后さまは、あたたかくほほえまれました。

われもまた　手をさしのべて　はぐくまむ　みよりすくなき　引揚の子を

は、この日の思いをお歌に詠まれたものです。

十月七日から十五日まで、それから八日後の十月二十三日から十一月二日まで、たて続けに息つくひまもなく長野《ながの》、新潟《にいがた》、山梨《やまなし》、福井《ふくい》、石川《いしかわ》、富山《とやま》、岐阜《ぎふ》とご巡幸になられました。

長野県軽井沢《かるいざわ》町大日向《おおひなた》の開墾地《かいこんち》には、底冷《そこび》えのする十月七日、天皇さまをお迎えしました。開拓団の堀川団長が開拓《かいたく》団の越えてきた苦労を申しあげる言葉は、なんども涙でとぎれました。

「私らは昭和十二年に満州《まんしゅう》開拓移民として満州にわたり広い荒野を耕《たが》やして、とうもろこしなどを耕作していました。ところが敗戦。ソ連軍の侵攻《しんこう》、現地住民の襲撃《しゅうげき》、飢《う》えと寒さと発疹《はっしん》チフスなどで、半数を上回る三百七十四人が亡《な》くなりました。しかし力を合わせ助けあって一人の残留孤児《ざんりゅうこじ》も出さずに帰ったのが、せめてもの救いでした。敗戦と同時に黒山のように押し寄せ襲撃《しゅうげき》してきたソ連兵に、子どもをかばった父親や母親は頭や顔に八か所、三か所と弾をうけ亡くなりました。着ていたものまではがされました。姉は頭を丸坊主《まるぼうず》にして墨《すみ》をぬって男の服を着て逃げました。

残る三百二十三人がようやく〝母村《ぼそん》〟南佐久《みなみさく》郡佐久町大日向に二十一年九月に帰りつきました。しかし、もともと貧しかった村は戦後の食糧難にあえいでいました。新たな開拓地をさがしてここにやってきました。あたり一面、カラマツ林でした。入植六十五戸のうち、夫婦そろっているのは七戸だけ。食べられるものはヘビ、カエル、タニシ、野ネズミ、何でも食べて、頑張《がんば》りました。そして、ソバの花が咲き乱れる日に天皇さまをおむかえすることができたのです」

開拓団員らは、陛下のあとを慕《した》ってどこまでも山を下り、名ごりおしげに万歳《ばんざい》を叫《さけ》んでいました。

浅間《あさま》おろし　つよき麓《ふもと》に　かへりきて　いそしむ田人　たふとくもあるか

このときの御思《おんおも》いをお詠みになられた御製です。

鳥取県《とっとり》ご巡幸は降りしきる雪のなかから始まりました。

倉吉《くらよし》中学校校庭奉迎場《ほうげいじょう》では中本《なかもと》町長が敬礼《けいれい》すると、期せずして二万人の君が代の大合唱となって天神《てんじん》河畔にひびきました。

東伯《とうはく》郡旭《あさひ》村村立授産場《じゅさんじょう》にもおなりになりました。和紙をすく小さな工場で、引き揚げ者や遺族《いぞく》、戦災者が働いていました。天皇さまは、ふとお立ちどまりになり、紙をすいている若者におたずねになりました。「どこから帰ってきたの」「満洲の開拓団です」「たいへんだったね。でも、よく帰ってきたね。苦しかっただろうね」。若者はもう答えられず、頭を深く下げるばかりでした。

わが国の　紙見てぞおもふ　寒き日に　いそしむ人の　からきつとめを

は、このおりの御製です。

島根県のご巡幸が終わったあと天皇さまは汽車の中で、県知事など関係者をお召《め》しになり慰労《いろう》されました。さがってきた知事は、感激のあまり陛下のお言葉をすっかり忘れてしまいました。それで、何をおおせられたか教えてくださいと、大金侍従長に頼んだと『巡幸餘芳《よほう》』に出ています。「この人にしてこの言葉あり、およそ陛下に対するとき、人という人は、皆その魂《たましい》を浄化《じょうか》せられて、第一義的な日本人としての本来《ほんらい》に帰るのである」と。

当時の防長《ぼうちょう》新聞では、雨のなか萩《はぎ》市立図書館前でうば車に乗って陛下をお迎えする二人の老人のことが書かれています。ひとりは息子さんに伴《ともな》われた九十四歳の福井吉三郎さん、ひとりは近所の人に連れられた八十四歳の奥村ヨシさん。「天皇さまを拝まれれば、これで死んでもいいです」と二人は手をあわせて涙まじりに語っていました。

広島県ご巡幸の県民のお出迎え、歓迎《かんげい》は延《の》べ百万人と、すごい人出でした。被爆地広島市での奉迎場《ほうげい》で、そのようすをとらえようと外国人記者十八人が待ちかまえていました。そのなかのノース・アメリカン紙フォーク記者は「天皇はいい人だ。市民は涙を流して奉迎に熱狂している。これが日本人の真の国民性なのだろう。美しい光景だ」と話しています。

三　ご巡幸《じゅんこう》の中断と復活

昭和二十三年には、九州と四国の各県ご巡幸が予定されていましたが、二十三年のご巡幸はまったくありません。復活したのは二十四年の五月に入ってからでした。昭和二十二年五月に片山哲《かたやまてつ》社会党内閣が誕生《たんじょう》以来、政情不安《せいじょうふあん》が続いていました。占領軍最高司令部のなかの、皇室に好意的でない派が、皇室に好意をもつ派より優勢《ゆうせい》になったことで、ご巡幸もその派が中断へと追いこんだといわれています。

好意派は、皇室の存在は占領政策《せんりょうせいさく》成功のために欠かすことができないから、これを利用しようと考えていました。好意的でない派は、ご巡幸によって、日本の民衆は戦禍《せんか》はすべて天皇の責任にあると、天皇は恨《うら》み憎《にく》みの的《まと》にされるだろうと、考えていたのです。ところが、どうしてどうして天皇さまに熱狂的で禁止も聞かずに日の丸の旗の波、君《きみ》が代《よ》の渦《うず》でお迎えし、よろこぶ日本民衆に危機感をいだいたのです。それでご巡幸が中断されたのだといわれています。

昭和二十三年の御歌会始《おうたかいはじめ》の御題《ぎょだい》

「春山」の御製《ぎょせい》

うらうらと　かすむ春べに　なりぬれど　山には雪の　のこりて寒し

春たてど　山には雪の　のこるなり　国のすがたは　いまもかくこそ

のなかに、深いお悲しみ、憂《うれ》いのお気持ちが秘められているように拝《はい》されてなりません。ところが世界は、共産主義と自由主義に二分されて、東西の冷戦《れいせん》は激《はげ》しさを増《ま》してきました。アメリカは、このままでは自分の国のためにならないと考えたようです。昭和二十四年元旦、国旗日の丸を掲《かか》げてよろしいということになりました。マッカーサーはこの年のはじめに、日の丸は平和のシンボルだと申しました。一年前、ご巡幸のときに日の丸の小旗がふられたことでご巡幸をやめさせられたのですが。ご巡幸は復活しました。

昭和二十四年五月十八日から六月十日まで二十四日におよぶ九州ご巡幸を、天皇さまはお続けになられました。ご巡幸中断後にご巡幸が予定されていた各県や県民から復活を願う嘆願書《たんがんしょ》が、宮内庁《くないちょう》に続々と届きました。天皇さまは、全国を巡《めぐ》って国民をなぐさめ励《はげ》ますことが、なによりの日本再建の力となり、これがご先祖と国民に対するご自身の務《つと》めであるとの、最初の御思《おんおも》いは少しもお変わりでありませんでした。

この時期、国内はようやく敗戦の痛手《いたで》から立ちあがる明るいきざしがありました。が、一方で下山《しもやま》事件、三鷹《みたか》事件、松川事件と暗い事件もあいつぎました。世界でも共産主義国家、朝鮮民主主義人民共和国、中華《ちゅうか》人民共和国の成立がきわだちました。こんな時期のご巡幸再開でした。

日本復興のエネルギーは当時、石炭でした。福岡《ふくおか》三池《みいけ》鉱業所《こうぎょうしょ》三川《みかわ》鉱に、作業服に身をかためられキャップランプをつけられた天皇さまは、二千五百メートルの坑道《こうどう》の奥深くまで進まれて、「苦しいだろうが採炭《さいたん》は大切な仕事だから、しっかり頑張《がんば》ってください」と励《はげ》まされました。地の底からわくような万歳《ばんざい》の声があちこちからこだましてひびきました。

のちにこのときのことを御製に託されました。

海のそこの　つらきにたへて　炭ほると　いそしむ人ぞ　たふとかりける

大牟田《おおむた》の三井《みつい》化学工業三池染料《せんりょう》工業所所長は、「陛下がおいでくださってからひと月後の成績は、まことに驚異的《きょういてき》で、生産のカーブは急上昇《じょうしょう》しました。現在の、電力、石炭、運輸、食糧など、あらゆる条件から考えて、どんなにソロバンをはじいても、こういう数字はじき出せません。我われ玄人筋《くろうと》としても実にふしぎでならないが事実がそうなっているのです」と語ったことが、『天皇さまの還暦《かんれき》』に出ています。

「香淳皇后のご内助《ないじょ》」のところでふれました、佐賀《さが》県基山《きやま》町の因通寺《いんつうじ》の引き揚《あ》げ孤児寮《こじりょう》、洗心寮に、天皇さまはご巡幸になられました。最初は、寺までの道がせまく曲がりくねっているので県の計画にははいっていませんでした。ところが天皇さまが、盲目《もうもく》の身で皇后さまのお歌の幟《のぼり》をこしらえ百万人針をすすめた和上《わじょう》のことをおぼえておられました。それで洗心寮をおたずねになることになりました。盲目の恒願院龍叡《こうがんいんりゅうえい》和上は、敗戦の痛手《いたで》のなかで、皇后さまのご慈愛《じあい》あふれるお心と、百万人針をひと針ずつ縫《ぬ》った百万人の思いをいかすために、戦争罹災児《りさいじ》救護所、洗心寮をつくりました。最初九名の孤児を収容して開設しました。ご巡幸のころは四十余名がいました。

龍叡和上はすでになく次の代調寛雅《しらべかんが》住職になっていましたが、天皇さまは住職に近づかれ、「親を失った子どもたちはたいへんかわいそうである。人の心のやさしさが子どもたちを救うことができると思う。あずかっているたくさんの仏《ほとけ》の子どもたちが、りっぱな人になるよう心から希望します」と申されました。

天皇さまは各部屋でお迎えする子どもたちの前に立たれます。きのう県の課長さんが来てごあいさつの仕方を教え練習しましたのに、誰もごあいさつをしないのです。天皇さまのほうが子どもたちに、頭をぐっとおさげになられ、お腰をかがめられ、笑《え》みをたたえてひとりひとりにお言葉をかけられました。「どこから」「満州《まんしゅう》から」「北朝鮮《きたちょうせん》から帰りました」とお答えしますと、「ああ、そう」「おいくつ」「七つです」「五つです」。天皇さまはひとりひとりにお顔を近づけられて、「りっぱにね。元気でね」とおっしゃいます。

いちばん最後の部屋の前で天皇さまは立ちどまられ、そのまま部屋にはいっていかれました。そこには両親の位牌《いはい》をだいた女の子が立っていたのです。「だれの?」「父と母です」「どこで?」「父はソ満国境で、母は引き揚げて死にました」「おひとりで」「日本のおじさんおばさんに連れられて」。天皇さまはじっとこの子の顔をご覧《らん》になって、何度もうなずいておられました。「お淋《さび》しい」と、それは悲しそうなお声で言葉をかけられました。ところがその子は首を横にふったのです。

「いいえ、淋しいことはありません。私は仏の子どもです。お父さんお母さんに会いたくなったらみ仏さまの前に座《すわ》ります」。一瞬、天皇さまのお顔が変わったように拝《はい》しました。右のみ手にお持ちの帽子《ぼうし》を左に持ちかえられて、女の子の頭をお撫《な》でになりました。一回、二回、三回と。そして天皇さまは、「仏の子どもはお幸せね。これからもりっぱに育ってね」と申されました。このとき天皇さまのお目からハラハラと数滴の涙がたたみの上に落ちていったのです。

お車へと向かわれる天皇さまの服のはしを男の子がつかんで離さないで、くっついて歩くのです。とうとう車のところまでついていきました。お車に乗ろうとされますと、「また来てね」と男の子。「また来るよ」と天皇さま。まことにほほえましい光景でした。

九州ご巡幸では開拓地《かいたくち》、入植地《にゅうしょくち》も数多くまわられましたが、「熊本県開拓地」と題されて三首の御製を賜《たまわ》りました。

かくのごと　荒野が原に　鋤《すき》をとる　引揚《ひきあげ》びとを　われはわすれじ
外国《とつくに》に　つらさしのびて　帰りこし　人をむかへむ　まごころをもて
国民《くにたみ》と　ともに心を　いためつつ　帰りこぬ人を　ただ待ちに待つ

昭和二十五年三月十三日から三十一日まで、香川《かがわ》、愛媛《えひめ》、高知《こうち》、徳島《とくしま》の四国、兵庫《ひょうご》県淡《あわ》路《じ》島をご巡幸になりました。全行程一千キロを超える二十日間の長いご巡幸でした。第一日は春とは名ばかりの小雪がちらつく寒さでした。岡山から船で高松におつきになりました。当時の県民の熱烈《ねつれつ》な歓迎のようすを四国新聞は次のように記《しる》しています。

「万歳は絶叫《ぜっきょう》にかわり、奉迎者《ほうげいしゃ》は一歩でもお体に近づこうと人のかたまりとなって雪崩《なだれ》のように殺到《さっとう》しました。熱気の旋風《せんぷう》は讃岐《さぬき》路《じ》をつつみ、熱狂して差しあげる群衆《ぐんしゅう》の手、旗の波と、うれしそうにほほえまれつつソフトを振る陛下のお姿のおりなす美しい場面が続き、その一瞬一瞬が名画の一枚一枚のように美しさを永久に県民のまぶたの裏に刻《きざ》みこんだ」

二十日の朝、天皇さまは愛媛県道後《どうご》のご宿泊所ふなや旅館ご出発をお見送り申しあげる人びとのなかにフランシス姉妹《しまい》がいることにお気づきになり、握手《あくしゅ》を賜《たまわ》りました。在日四十年で日本を愛する老宣教師《せんきょうし》姉妹は、「もったいないことです。天皇さまは儀礼的なところは少しもなく、本当に心のこもった温《あたた》かい親しみぶかいお方で、もったいないというほかありません」と感激していました。

天皇さまは、香川、愛媛、高知とおまわりになり、三月二十五日、徳島にはいりになりました。そして県水産試験場、日和佐《ひわさ》町保育所、小松島赤十字《こまつじませきじゅうじ》病院、製塩工場と視察《しさつ》されましたが、「徳島に入られてから雨が続き道が悪い中を、超人的なスケジュールをこなされ、その中で子供たちには童心《どうしん》にかえって接せられ体の不自由な人や高齢者《こうれいしゃ》たちには心からいたわりのお言葉をかけられ、産業や教育のご視察では親しくご激励《げきれい》なさり、只々《ただただ》頭がさがる思いがするのみであった」と地元徳島新聞は報じています。四国ご巡幸に同行したロバート・マーチン記者は「この四国旅行のような、ただただ体を酷使《こくし》する旅行によく耐えることができる政治家を、日本でもアメリカでも知らない」と驚いていました。ところが、二十七日夕、水野旅館におつきになられてから三十七度五分の熱を出されました。おかぜ気味とだけ発表されスケジュールは一日延期されましたが、実は急性大腸《だいちょう》カタルでした。なにぶん旅先のこと、なんでも早くお治《なお》りいただかねばと、当時、進駐《しんちゅう》軍で流れていた抗生物質《こうせいぶっしつ》オーレオマイシンがいいのだがと、お供《とも》していた西野侍医《じい》は考えました。小島侍医の同級生が鳴門《なると》で開業しており、問いあわせたところ持っていました。副作用があってはたいへんと、山田侍従に試みたが侍従はけろっとしていましたので、さっそく差しあげましたところ、いっぺんに熱はさがりました。ご休養が発表されますと、旅館の前にはご快癒《かいゆ》を祈る市民や、遠くからやってきた人びとがぞくぞくとつめかけ、旅館前に用意されたお見舞い帳は、小学生や老人の片かなまじりの名まで、たくさん記されました。ご平癒《へいゆ》祈願の近くの日本山妙法寺《みょうほうじ》僧侶《そうりょ》のたたく太鼓《たいこ》の音が、お休みになる天皇さまにも聞こえました。「太鼓をやめさせましょうか」とおたずねすると、「あれは私のために祈ってくださっているのだから」と、そのままお打たせになりました。

皆の祈りが通じ、翌々二十九日午前九時、天皇さまはお出ましになりました。「万歳、万歳」と歓声《かんせい》があがりました。

四国ご巡幸のころは、早くから積極的に戸ごとに日の丸運動が展開されていました。それで沿道《えんどう》だけでなく裏手へはいっても軒《のき》なみ真新しい国旗がひるがえっていました。

昭和二十九年夏、札幌《さっぽろ》で国民体育大会が開かれ、両陛下おそろいで開会式にのぞまれ、

北海道ご巡幸もなされました。八月七日から二十三日までの長いご巡幸でした。北海道ご巡幸の御製のうちから三首掲げます

網走《あばしり》道立公園

浜の辺に　ひとりおくれて　くれなゐに　咲くがうつくし　はまなすの花

阿寒《あかん》国立公園（二首）

えぞ松の　高き梢《こずえ》に　まつはれる　うすもいろの　みやまたたび

水底《みなそこ》を　のぞきてみれば　ひまもなし　敷物なせる　みどりの毬藻《まりも》

昭和二十一年二月十八日に神奈川県にお出ましになられて以来、全国をご巡幸、八年六か月、昭和二十九年八月二十三日に終えられたのでありました。

ただ、沖縄《おきなわ》ご巡幸は、昭和天皇の強いご希望にもかかわらず、昭和四十七年五月十五日、日本に復帰《ふっき》、沖縄県となりましたが、毎年見送られていました。天皇さまは、さきの大戦で沖縄で散華《さんげ》された十万県民と十一万将兵の慰霊《いれい》と、遺族《いぞく》をなぐさめたいと願われていました。ようやく昭和六十二年、国体が秋、沖縄で開かれることになり開会式にご出席も兼

ねて沖縄行幸が実現されることになり、天皇さまもおよろこびになられ、お心待ちしておられました。ところが、九月下旬、宮内庁から中止と発表がありました。

御製

思はざる　病《やまい》となりぬ　沖縄を　たづねて果《はた》さむ　つとめありしを

四　外国とのご親善《しんぜん》

「天皇陛下おひとりのご活躍《かつやく》は百人の大使の活動にまさるとも劣らない」とは、昭和天皇がヨーロッパやアメリカにお出かけのとき、よく聞かれた言葉です。昭和天皇が日本の外交に果たされたお仕事の大きさは計り知れません。

昭和二十七年四月二十八日、わが国は独立を回復《かいふく》しました。それからの天皇さまは象徴《しょうちょう》天皇のお立場で国際親善のお務《つと》めをお見事に果たされました。〝外国の大使、公使を受けいれること〟は天皇さまの国事のお仕事として憲法で定められています。外国大使は着任《ちゃくにん》すると、自国の正当な大使であるという信任状をたてまつるために、天皇さまにお会いします。職をとかれて帰るときはお別れのあいさつにまいります。

天皇さまは、どこの国の人に対してもわけへだてなく、真心《まごころ》をこめて接しられます。自国へ帰る大使がごあいさつに来ると、天皇さまはきまって、

「お国にお帰りになったら、日本のよいことも悪い感じのことも、ありのままに伝えてください。それがお互いの国民の理解を深め、ひいては世界の平和にもつながると信じています」

と、おおせられました。

外国から日本をおとずれた元首《げんしゅ》や王族、国の指導的立場の人びとは、他国にはない長い歴史のなかでつちかわれた皇室の品位と文化的伝統に感動します。天皇さまの外交は、国家のかけひきや政治的利害をこえた本当の友好親善の広く深いお心ですから、外国の人びとも心をひらき心なごんでうやまい、親しみの情がわき、おのずと強いきずなが結ばれるのでしょう。ことに昭和天皇は、とつとつとかざらないお言葉を真心こめておおせられます。そのご態度《たいど》、お言葉にみな心うごかされ、心ひかれたのでありました。

昭和天皇が皇后さまとともにヨーロッパ七か国に親善の旅にお出かけになられたのは、昭和四十六年九月でした。戦後二十六年目のご訪欧《ほうおう》でした。ベルギー、イギリス、西ドイツに公式に、非公式には、デンマーク、オランダ、フランス、スイスでした。

オランダでは戦中の日本軍への憎しみが残っていました。天皇さまが訪問される国立美術館の前にも、おおぜいの反日派が集まっていて、「ヒロヒト・ゴーホーム」と、騒々《そうぞう》しく叫《さけ》んでいます。一方で「バンザイ・バンザイ」と歓迎の声も聞こえました。その騒然《そうぜん》としたなかにお車がつきました。天皇さまのまわりをとり囲んだ人びとは、「ヒロヒト・ゴーホーム」などお耳に入らぬうちに美術館の中へおはいりいただきたい感じが読みとれました。ところが天皇さまは、足場のよくない石段の途中で急に立ちどまられ、くるりと後ろ向きになり、騒々しい群衆に向かって手をお振りになりました。同行していた産経新聞の大竹秀一特派員は、そのときの感動を、こう語っています。

「あの足場の悪いところで、歓迎派にも反対派にも同じように手をふってあいさつせずにいられないとは、なんというまじめな方なのだろう。失礼な言い方だが、愚直《ぐちょく》とでもいいたい律義《りちぎ》さではないか。われわれ日本人の象徴《しょうちょう》は、こういう方なのだ――。石段を上って美術館の中に消えていく陛下のうしろ姿を目で追いかけながら、私は柄《がら》にもなく心が高ぶるのを感じていた。遠い異国で、反日感情の渦《うず》にもまれて、私も知らぬ間に愛国者になっていたのかもしれない。公平、無私。少年のころから教えこまれた帝王《ていおう》の道を、陛下《へいか》は一生を通じて心がけられたのだ。習い性《しょう》となるまでに……。オランダでのあのときの陛下をまぶたによみがえらせながら、私はいま、改めてそう思うのである」

イギリスでは五十年前、二十歳の皇太子殿下であられた天皇さまがジョージ五世とともに馬車でパレードされました。その思い出のコースを同じ馬車でエリザベス女王と並ばれてバッキンガム宮殿におはいりになられ歓迎をお受けになられました。

天皇さまのまじめでひたむきな高貴《こうき》さと皇后さまのエンプレススマイルが訪れた国ぐにに深い感動とさわやかな印象をのこされて、大成功のうちに無事お帰りになられました。

昭和天皇は昭和五十年九月三十日から十月十四日までの、約二週間、皇后さまとともにアメリカをご訪問なさいました。東海岸、シカゴ、ハワイとまわられましたが、どこでも温《あたた》かい歓迎を受けられました。

昭和五十年九月三十日、午前十時四十分（現地時間）、アラスカ・アンカレッジ経由でウイリアムズバーグのパトリック・ヘンリー空港におりたたれました。その前、飛行機の窓から米国国土の広がりをご覧《らん》になっておられた天皇さまは、ぽつりと、「こんな大きな国を相手に戦争をしたのか……」と、ひとりごとをもらされたということです。

このご訪米《ほうべい》のハイライトは十月二日にホワイトハウスでおこなわれたフォード大統領夫妻主催の歓迎晩餐《ばんさん》会でありました。その席上《せきじょう》、昭和天皇が述べられましたお言葉のなかから抜き書きをさせていただきましょう。

「……私たちはウイリアムズバーグで貴国《きこく》訪問の旅の第一夜を過ごしました。建国当時のおもかげをいまに伝える、かの地の美しい街並みと、落ちついた風情《ふぜい》にふれて、旅の疲れを十分にいやすことができました。今宵《こよい》、この歴史的なホワイトハウスで閣下《かっか》（大統領）と席をともにしておりますと、貴国の建国当時のことに思いがめぐります。

貴国初代《しょだい》のワシントン大統領が一七九七年にその職を離れるに際して、『すべての国民に対して誠実と正義を尽くし、すべての国民との平和と協調に努《つと》めるように』と貴国民に説《と》かれた言葉を、私は思いおこします。

この遺訓《いくん》は、現代に生きている真実であり、それはまた、国際社会において、平和と協調に努力しているわが国民の心にも相通《あいつう》ずる理念であります。

私は多年、貴国訪問を念願しておりましたが、もしそのことがかなえられたときには、次のことをぜひ貴国民にお伝えしたいと思っておりました。と申しますのは、私が深く悲しみとする、あの不幸な戦争の直後、貴国がわが国の再建のために、温かい好意と援助の手をさしのべられたことに対し、貴国民に直接、感謝の言葉を申しのべることでありました。……

今日、人類は、公正にして平和な国際社会の創造という、共同の事業にたずさわっています。私は日米両国が、さらに知りあい、話しあって、ともに力強く安定した国として、各々《おのおの》の豊かな歴史と伝統を生かしつつ、この崇高《すうこう》な目的の達成に邁進《まいしん》することを期待《きたい》します。……」

どんなときでも、相手の身になってお考えになるので、その、お言葉に、列席者は深く感じいるのでありました。

五　崩御《ほうぎょ》

昭和六十二年四月二十九日、お誕生日《たんじょうび》のお祝いの宴《うたげ》のさなかに天皇さまはご気分を悪くされました。私はそのごようすをテレビで拝《はい》していて、言いようのない不吉《ふきつ》な予感に襲《おそ》われたのが忘れられません。しかし、それからしばらくは何ごともなくおすごしであらせられました。ところが、八月下旬からたびたび吐《は》かれました。九月十三日、レントゲン検査の結果、手術ということになりました。ただこのとき、「良宮《ながみや》（皇后さま）にはどうする」と、おおせられました。ご自身のことより皇后さまがお受けになるショックをご心配なさったのです。手術のあとガンとわかりましたが、天皇さまには申しあげず侍医団《じいだん》は全力を尽くすことになりました。その後、ご体力もつかれて昭和六十三年の新年では、参賀《さんが》でお姿を拝し、お言葉もいただきました。

六月二日は吹上御所《ふきあげごしょ》近くの水田でお田植えもなさいました。

昭和六十一年「八月十五日」のお題で、

この年の　この日にもまた　靖国の　みやしろのことに　うれひはふかし

とお詠《よ》みになられたとおり、戦《いくさ》で散られた御霊《みたま》への御思《おんおも》いははかりしれないものがおありでした。

それだけに、ご最後となられた八月十五日の戦没者追悼《ついとう》式に那須《なす》からヘリコプターでお帰りになられて、お出になられました。そのお姿がまことに御痛々《おんいたいた》しく拝せられました。

「八月十五日」のお題でかさねて、

やすらけき　世を祈りしも　いまだならず　くやしくもあるか　きざしみゆれど

とお詠みになっておられます。

そして、九月十九日、大量の吐血《とけつ》をなさいます。その後は、お口からの食べ物はあがれませんでした。激《はげ》しい痛み、苦しみもおありでしたでしょうに、ひとこととの不満も痛みもおおせられませんでした。

侍医長《じいちょう》の十月五日のメモには、「太陽が静かに沈んでいく感じ」とありました。

十月二十三日は十三夜でした。病床《びょうしょう》の天皇さまは皇后さまと、鏡に映《うつ》る天上《てんじょう》の月をご覧《らん》あそばされたと新聞は報じておりました。

十一月中旬ごろよりは、おやすみになっている時間が多くなり、そのまま昭和六十四年をお迎えあそばしました。

一月五日早朝、血圧が急にさがり、七日午前四時すぎ、ご容体《ようだい》は変わり、六時三十三分崩御《ほうぎょ》あそばされました。

ご容体を案じ、ご平癒《へいゆ》を祈る人びとが皇居にかけつけました。九月二十二日から、その人びとのために坂下門《さかしたもん》に記帳所《きちょうしょ》が設《もう》けられました。私も二度、ぜひいっしょにゆくという小学生の孫をつれてまいりました。えんえんと長蛇《ちょうだ》の列が幾《いく》すじも並んで記帳を待っていました。一度は雨の日でしたが、それでも人びとは傘《かさ》の波をつくっていました。

大喪《たいそう》の礼がとりおこなわれたのは平成元年二月二十四日でした。朝から、こごえるような氷雨《ひさめ》がふりつづいていました。昭和天皇への永久《とわ》のお別れを悲しむ日本の人びとすべての涙のように思われました。冷たい雨のなかを、世界百六十三か国、二十八国際機関から、国内の各界代表と一万人をこえる参列者を迎え、これまでに例のない盛大な大喪が、新宿《しんじゅく》御苑《ぎょえん》で、おごそかにおこなわれました。

お元気になられますようにと祈り記帳した人びとは一千万をこえました。崩御の日の記帳は全国で三十二万五千五百をかぞえ、大喪の礼におとずれた国の数もこれまでいちばん多く、国際社会での日本の確かな立場があらわれたものと申せましょう。

皇居から新宿御苑に続く六・五キロの雨の沿道には六十万の人びとが天皇さまのひつぎをお見送りしました。二十一発の弔《とむら》いの砲《ほう》が、いんいんと暗く悲しみが立ちこめる空にひびきました。濃い紺色《こんいろ》セーラー服の海上自衛隊音楽隊が奏《かな》でる「哀之極《かなしみのきわみ》」の調《しら》べのなか、ひつぎをお乗せした車は葬列《そうれつ》を組み二重橋を渡りました。皇居前広場には冷たい雨のなか数万の人びとが玉砂利《たまじゃり》のうえに正座《せいざ》したり、また徹夜《てつや》でお見送りした人は八十九人もいました。

葬場殿《そうじょうでん》には悲しみの雅楽《ががく》「宗明楽《そうめいらく》」が流れ、ブッシュ・アメリカ大統領、ミッテラン・フランス大統領など世界の首脳の顔が並んでいます。

荘重《そうちょう》な笙《しょう》の音がひびき、ついで日本武尊《やまとたけるのみこと》の葬儀《そうぎ》のおりに歌われたと『古事記《こじき》』が伝えている悲しみの歌、誄歌《るいか》が「海処《うみが》ゆけば　腰なづむ大河原《おおかわら》の　植《う》え草《ぐさ》　海処はいさよふ　なづきの田の稲幹《いながら》に……」のなか、儀式は進みます。

昭和天皇はひたすら私《わたくし》ごころあらせられず、ただご一人《いちにん》で国難《こくなん》を背負《せお》い国民の苦しみを除《のぞ》き世界平和を祈ってくださいました。そのうえ、最期《さいご》まで苦難《くなん》の道をお歩きくださいました。私たちはそのお心に、まさに神を視《み》、神を感じたからこそ、崩御をいたみ、ご仁慈《じんじ》をお慕《した》い申しあげ、史上空前の参集《さんしゅう》でお別れを惜《お》しんだのでありました。

昭和天皇さま、ありがとうございました。

昭和61年３月６日、皇后良子さまは83歳の誕生日を迎えられた。手に手を取って仲むつまじいお姿であった。

参考資料

鈴木貫太郎自伝	鈴木　一編	時事通信社
木戸幸一日記（上・下巻）	木戸幸一	東京大学出版会
貞明皇后	主婦之友社編	主婦之友社
特集・文藝春秋天皇白書（昭和三十一年刊）		
聖断	半藤一利	文藝春秋
天皇の学校	大竹秀一	文藝春秋
昭和天皇	出雲井晶	日本教文社
昭和天皇と国民	木下道雄	私家版
少年日本史	平泉　澄	講談社学術文庫
天皇（Ⅰ～Ⅳ）	児島　襄	文春文庫
西園寺公と政局	原田熊雄	岩波書店
岡田啓介回顧録	岡田啓介述	毎日新聞社
太平洋戦争（上・下巻）	児島　襄	中公文庫
日本の一世紀	全日本新聞連盟編	
マッカーサー回想録（上・下巻）	津島一夫訳	朝日新聞社

天皇歌集「みやまきりしま」　毎日新聞社編　毎日新聞社
昭和天皇御製集「おほうなばら」　宮内庁侍従職編　読売新聞社
聖帝昭和天皇をあおぐ　日本を守る国民会議編
昭和史の天皇　読売新聞社編　読売新聞社
皇室大百科　塩田　勝　朝日通信社
天皇のお言葉　小林吉弥　徳間書店
みことのり　森　清人　錦正社
昭和天皇　小堀桂一郎　ＰＨＰ新書
昭和の民のこころ　天皇陛下御在位六十年奉祝委員会編
天皇さまが泣いてござった。　しらべかんが　教育社
天皇御巡幸　世界日報社編　世界日報社
天皇家の戦い　加瀬英明　新潮社
各県発行の地方行幸史
日本の歴史25　太平洋戦争　林　茂　中央公論社

出雲井 晶《いずもい・あき》

作家、日本画家。
主な著書に『春の皇后』（扶桑社）（中公文庫）
『今なぜ日本の神話なのか』（原書房）
『教科書が教えない日本の神話』（扶桑社／産経新聞社）
『昭和天皇』（日本教文社）
『教科書が教えない神武天皇』（扶桑社／産経新聞社）
『にほんのかみさまのおはなし　日本語版　英語版』（扶桑社）
『誰も教えてくれなかった日本神話』（講談社）など多数。
日本文芸大賞女流文学奨励賞などを受賞。
文化庁長官表彰。勲四等瑞宝章受勲。
平成十一年度文部大臣表彰。
日本画家として日仏現代美術展、パリ・ル・サロン展など入選多数。
内閣総理大臣賞、美術協会大賞、文部大臣賞などを受賞。
日本現代美術家連盟常任理事。日本会議代表委員。
「日本の神話」伝承館館長。

昭和天皇—ご生誕100年記念—

発行日……………………………… 平成13年 4月29日 初版第一刷

著　者……………………………………………… 出雲井 晶

発行者……………………………………………… 小原 常雄

発　行…………………… 株式会社　産経新聞ニュースサービス

発　売……………………………………… 株式会社　扶桑社《ふそうしゃ》

東京都港区海岸1-15-1 〒105-8070 電話03-5403-8871(編集) 03-5403-8859(販売)

印刷・製本………………………………… 凸版印刷 株式会社

ISBN-4-594-03128-5